오스왈드 챔버스
그리스도인의 정체성

Facing Reality

This edition 1997 by Oswald Chambers Publications Assn., Ltd.
Published by special arrangement with Discovery House Publishers,
3000 Kraft Avenue SE, Grand Rapids, Michigan 49512 USA.
All rights reserved

Korean translation copyright © 2016 by Togijangi Publishing House
2F, 71-1 Donggyo-ro. Mapogu, Seoul 04018, Korea

This Korean edition is published by arrangement with Discovery House Publishers(3000 Kraft Avenue SE, Grand Rapids, Michigan 49512 USA.)

본 저작물의 한국어판 저작권은 Discovery House Publishers 와의 독점 계약으로 한국어 판권을 '도서출판 토기장이'가 소유합니다. 저작권법에 의하여 한국 내에서 보호를 받는 저작물이므로 무단 전재와 무단 복제를 금합니다.

특별한 표기가 없는 모든 성경 구절은 개역개정성경을 인용한 것입니다.

오스왈드 챔버스
그리스도인의 정체성

오스왈드 챔버스 지음 • 스데반 황 옮김

토기장이

「그리스도인의 정체성」은 오스왈드 챔버스가 1911년부터 1915년까지 기도 연맹 모임 및 성경대학에서 나눈 메시지들과, 제1차 세계대전 기간이었던 1915년부터 1917년까지의 기간 중에 전쟁의 현장이던 이집트의 자이툰에서 영국 연합 사단의 군병들에게 선포했던 메시지들을 모은 것이다. 다양한 청중을 향해 주어진 이 메시지들은 주로 '믿음'의 주제를 다루고 있다.

차례

: 첫 번째 장 :
그리스도인은 그리스도의 영이 임한 사람이다 … 9

: 두 번째 장 :
그리스도인의 주된 관심은 하나님께 있다 … 27

: 세 번째 장 :
그리스도인의 마음은 그리스도와 일치되어 있다 … 41

: 네 번째 장 :
그리스도인은 자아 실현이 아닌 그리스도 실현을 원한다 … 57

: 다섯 번째 장 :
그리스도인은 옛사람이 아닌 그리스도를 선택한다 … 67

: 여섯 번째 장 :
그리스도인은 전인격적인 믿음을 소유한다 … 77

: 일곱 번째 장 :
그리스도인은 기쁨으로 위대한 삶을 살아간다 … 93

: 여덟 번째 장 :
그리스도인은 저항할 수 없는 제자훈련에 빠진다 … 107

: 아홉 번째 장 :
그리스도인은 언제나 지금, 하나님의 은혜를 길어낸다 … 119

역자후기

: 첫 번째 장 :

그리스도인은 그리스도의 영이 임한 사람이다

그리스도인이 되기 위한 가장 중요한 요소는
그 사람이 어떤 사람이든 상관없이 그리스도의 영이
그에게 임하는 것이다.
그리스도인이 되기 위해서는 그가 하나님께로부터 뭔가를 받아야 한다.
주께서는 이를 위로부터의 거듭남이라고 부르셨다.

chapter 1

"만일 너희 속에 하나님의 영이 거하시면 너희가 육신에 있지 아니하고 영에 있나니 누구든지 그리스도의 영이 없으면 그리스도의 사람이 아니라"롬 8:9.

사실fact에는 두 영역 곧 상식의 영역과 계시의 영역이 있다. 어떤 사실을 증명한다는 것은 불가능하다. 사실이란 받아들이는 것이다. 우리는 감각을 바탕으로 상식적인 사실들을 받아들인다. 한편, 우리는 하나님을 믿는 믿음을 바탕으로 계시의 사실을 받아들인다.

이론이란 우리가 사실들을 설명하기 위한 방법이다. 우리는 사실에 대해 지적인 설명을 한다. 만일 지적인 사실들만 존재한다면 지적인 설명이 맞을 것이다. 그러나 지적인 사실이 아닌 것을 지적으로 설명하면 당신의 이론적인 설명은 받아들여지지 않는다. '크리스천 사이언스 이론'the Christian Science Theory은 이 세상에 아픔이나 고통이나 죽음 같은 것은 없다고 말한다. 모두 상상이라는 것이다. 그러나 이 이론은 실제로 이 세상에 나쁜 사실과 좋은 사실이 있다는 것을 망각한 것이다.

가정hypothesis은 탐조등을 켜서 뭔가를 찾는 것처럼 이론에 맞는 사실들만 취한다. 그래서 가정에 의하면 인생이란 놀라울 정도로 단순하다. 인생에 대한 이론을 세우는 자들은 인생 가운데 자신의 관점에 맞는 사실들만 채택한다. 그래서 그들의 '인생 이론'에 관한 책들은 그럴듯하다. 그러나 살아보면 인생은 그렇게 단순하지 않다. 복잡한 상황 가운데 인생이 꼬일 때에는 '인생 이론'이라는 것이 전혀 의미가 없다. 그 이유는 인생 이론을 세울 때 고려하지 못했던 수천 수만의 사실들이 발생하기 때문이다.

마찬가지로, 종교적으로도 성경을 읽는 것보다 여러 종교적인 책을 읽는 것이 더 쉽다. 인생이 거친 것처럼 성경은 당신을 거칠게 다룬다. 사실을 대하는 자세에는 두 가지가 있다. 한 가지는 눈을 감고 사실을 인정하지 않으며 그런 일이 없다고 우기는 것이요, 다른 한 가지는 눈을 열고 사실을 보며 그 사실에 의해 영향을 받는 것이다.

우리는 우리의 믿는 바들을 믿으면서 종교적인 생활을 시작하고 아무 질문 없이 그것들을 받아들인다. 그러나 새롭게 배운 내용과 상충되는 일들이 생기면 우리는 믿어온 내용을 의심하며 비판하게 된다. 우리가 믿어온 것들이 아무리 옳아 보여도 그것들을 우리가 고통으로 산 것이 아니라면 아직 우리에게 맞지 않다. 고통으로 사기 전까지는 우리가 당연하게 여기는 것들이라도 아직은 우리의 것이 아니다. 가치 있는 것은 언제나 대가를 치러야 한다. 우리가 고통의 경험을 가질 때 우리는 모든 것을 잃은 것 같지만 사실 하나씩 다시 우리의 것으로 얻게 된다.

어떤 사람에게 이러저러한 것을 믿어야 한다고 말하는 것은 불합리하다. 그렇게 해서 믿을 수 있는 것이 아니다! 사람들에게 무엇을 믿어야 한다고 말할 때 회의론자가 생긴다. 만일 사람들에게 그리스도인이 되기 위해서는 이러저러한 것을 먼저 믿어야 한다고 말한다면, 이는 말 앞에 마차를 매는 것과 같다. 그가 믿는 것들은 그리스도인이 된 결과로 나타나는 것이지, 그 내용들을 믿었다고 해서 그리스도인이 되는 것은 아니다.

주님이 말씀하신 '믿으라'는 것은 지적인 활동이 아니라 전인격적인 활동이다. 주님을 '믿는다'는 뜻은 '맡긴다'는 뜻이다. "네 자신을 내게 맡기라"는 뜻이다. 자신의 모든 것을 전부 맡기는 것이 예수 그리스도를 믿는 것이다. 삶의 위기를 지났던 사람들은 모든 것을 분명하게 보는 가운데 자신의 모든 것을 '그 인격체'께 드린다. 위기가 오기 전까지, 우리는 너무나 얄팍한 사람들이기에 자신을 믿으려고 하지 주님께 맡기려 하지 않는다.

사도 바울에 의하면 그리스도인이 되기 위한 가장 중요한 요소는 그 사람이 어떤 사람이든 상관없이 그리스도의 영이 그에게 임하는 것이다. 사람이 천사가 될 수 없는 것처럼 인간의 힘과 열심으로 그리스도인이 될 수 없다. 그리스도인이 되기 위해서는 그가 하나님께로부터 뭔가를 받아야 한다. 주께서는 이를 '위로부터의 거듭남'이라고 부르셨다눅 11:13.

"예수께서 대답하여 가라사대 진실로 진실로 네게 이르노니 사람이 거듭나지 아니하면 하나님 나라를 볼 수 없느니라"요 3:3.

어떤 사람이 진정한 그리스도인인가 아닌가에 대한 최종 시험은 현실 속에서 그에게 예수 그리스도의 영이 있는가 없는가 하는 것이다.

성경의 사실과 영감의 이론

성경은 계시의 사실들로 가득 찬 세계이다. 당신이 성경을 설명할 때는 성경의 모든 기록을 하나도 빠짐없이 고려해야 한다. 성경은 그 어디에도 우리가 그리스도인이 되려면 '먼저' 성경이 하나님의 말씀이라고 믿어야 한다고 말하지 않는다. 예수님의 음성을 통해 성경을 접할 때까지 성경은 아직 우리에게 하나님의 말씀으로 와닿지 않는다. 곧 주님을 인격적으로 알기까지 성경은 내게 아무런 효용이 없다. 성경을 내가 이해하는 비결은 나의 지능이 아니라 예수 그리스도와의 인격적 관계이다. 내 마음속에 그리스도로 인한 변화가 있어야 지적인 이론이 정립될 수 있는 것이다. 당신이 혹시 창세기부터 요한계시록까지의 성경을 하나님의 말씀으로 믿더라도 전혀 그리스도인이 아닐 수 있다기독교 이단 중에는 성경을 하나님의 말씀이라고는 믿지만 전혀 다른 해석으로 예수님을 하나님 또는 메시아로 믿지 않는 자들이 있다-역주.

성경의 신비

"오직 성령의 감동하심을 입은 사람들이 하나님께 받아 말한 것임이니라"벧후 1:21.

성경은 성경 자체에 대해 뭐라고 말하는가? 성경은 기계적으로 된 것이 아니라 성령의 감동을 받은 사람을 통해 된 것이다. 이는 성

> 성경을 내가 이해하는 비결은 나의 지능이 아니라
> 예수 그리스도와의 인격적 관계이다.
> 내 마음속에 그리스도로 인한 변화가 있어야
> 지적인 이론이 정립될 수 있는 것이다.

령께서 사람을 기적적인 방법으로 취하여서 그를 채널로 사용하신 것이 아니다. 성경의 주요 항목은 사람이다. 따라서 각 성경의 책들에는 사람의 도장이 찍혀 있다. 성경의 신비함은 성경의 단어 하나하나가 기계적으로 받아쓴 것이 아님에도 불구하고 성경 자체가 하나님께로부터 직접적으로 영감되어 있다는 점이다.

영감된 하나님의 말씀은 '최종 하나님의 말씀'이다. 이 의미는 하나님께서 지금 아무 말씀도 하지 않으신다는 뜻이 아니라, 하나님께서 최종적으로 말씀하신 예수 그리스도와 다른 말씀을 하지 않으신다는 뜻이다. 따라서 하나님의 모든 말씀은 바로 '그 말씀'을 설명한다. 성경의 모든 말씀은 '최종 말씀'이신 예수님에 대한 유일한 설명이다. 성경 자체에 대한 성경의 설명들을 귀하게 여기라.

성경의 메시지

"이 성경이 곧 내게 대하여 증언하는 것이니라" 요 5:39.

예수 그리스도는 성경의 메시지가 자신에 관한 것이라고 말씀하셨다. 우리는 예수 그리스도 외에 성경에 대한 다른 열쇠를 가지고 성경을 해석할 수 없다.

"그중에 알기 어려운 것이 더러 있으니 무식한 자들과 굳세지 못한 자들이 다른 성경과 같이 그것도 억지로 풀다가 스스로 멸망에 이르느니라"벧후 3:16.

우리는 주님께서 말씀하신 위의 내용을 이해하지 못하는 한, 성경의 그 어떠한 내용도 증거할 수 없다. 당신이 성경을 아는가 모르는가에 대한 시험은, 성경이 무엇을 목표로 쓰여졌는지를 당신이 아는지 모르는지에 달려 있다. 예수님의 말씀에 의하면, 성경은 예수님을 설명하고 증거하기 위한 것이며 예수님께서 무엇을 추구하시는지에 대한 설명이다.

성경의 의미

"모든 성경은 하나님의 감동으로 된 것으로"딤후 3:16.

성경은 우리에게 의에 대해 교육하며 의로운 삶을 교훈한다. 성경의 의미는 우리를 바르게 살게 하기 위한 것이다. 그런데 대부분의 사람들은 이러한 목적으로 성경을 사용하지 않고 자신이 주장하고 싶은 내용이 있을 때 혹은 사람들을 이용하고 싶을 때, 나아가 특이한 교리를 펼치고 싶을 때 사용한다.

삼위일체 교의와 그리스도의 사실

교의dogma란 신조creed에서 말하는 것으로 조직된 신학을 의미한다. 성경에는 삼위일체 교의가 없다. 그리스도인이 되기 전에 예수 그리스도에 대한 동정녀 탄생이나 부활 등을 믿어야 하는 것은 아니다. 그러나 내가 그리스도인이라면 나는 예수 그리스도가 누구신지를 알아야 하고 성경이 그분에 대해 설명하는 내용들을 마음속에 그대로 받아들여야 한다.

예수 그리스도의 신성은 처음에 사람의 지식으로 아는 것이 아니라 삶과 마음을 통해 알게 된다. 성경 그 어디에도 당신이 그리스도인이 되기 전에 기독교 교리들을 믿으라고 당부하지 않는다. 한편 성경은 기독교 믿음의 실례들을 통해 믿음을 설명한다. 성경은 이방인에게 예수 그리스도가 하나님의 아들이심을 증거하기 위해 쓰여진 것이 아니라 예수 그리스도가 하나님의 아들임을 믿는 자들을 위해 쓰여졌다. 성경에는 아무런 문제가 없다.

> 내가 그리스도인이라면 나는 예수 그리스도가
> 누구신지를 알아야 하고 성경이 그분에 대해 설명하는
> 내용들을 마음속에 그대로 받아들여야 한다.

주님의 환경

"그들이 다 그를 증언하고 그 입으로 나오는바 은혜로운 말을 놀랍게 여겨 이르되 이 사람이 요셉의 아들이 아니냐"눅 4:22.

예수 그리스도께서 사셨던 환경은 매우 평범하였다. 사람들이 예수님의 말씀을 듣고 놀랄 때마다 그들은 예수님과 관련된 현실을 다시 보게 되면서 더 놀라게 되었다. 주님은 분명히 예외적인 사람이셨다. 그러나 그분의 현실은 그렇지 않았다. 사람들은 그분을 보고 쑥덕거렸다.

"이 사람이 요셉의 아들이 아니냐?"

"이 사람에 대해 우리가 다 알고 있지 않느냐?"

주님께서 하신 첫 번째 공식 설교는 듣는 자들의 마음속에 증거가 되었다가 그들의 머릿속에 있는 선입견 때문에 질식되고 말았다.

주님의 성품

"너희도 아는 바와 같이 하나님께서 나사렛 예수로 큰 권능과 기사와 표적을 너희 가운데서 베푸사 너희 앞에서 그를 증언하셨느니라"행 2:22.

신약에 나타난 예수 그리스도의 성품은 우리 모두의 마음을 사로잡는다. 주님께서는 모든 사람들이 살아가는 평범한 삶을 사셨다. 그리고 주께서 허락하시는 문으로 들어오는 자들마다 주님이 사셨던 삶을 살 수 있도록 하셨다눅 11:13.

주님의 주장

"나를 본 자는 아버지를 보았거늘 어찌하여 아버지를 보이라 하느냐"요 14:9.

예수 그리스도에 대한 올바른 철학적 설명을 들어본 적이 있는가? 신성에 대한 근본적인 속성은 전지, 전능, 무소부재하심인가? 신성의 가장 근본적인 속성은 거룩이다. 그리고 하나님의 능력은 하나님께서 친히 갓난아기가 되심으로 증거되었다. 이것이 성경이 제시하는 가장 놀라운 내용으로, 전능하신 하나님께서 우리가 알기에 가장 연약한 존재가 되셨다는 사실이다. 예수 그리스도께서는 자신에 대해 어떻게 말씀하셨는가? 주님은 자신이 하나님과 동등하다고 말씀하셨다.

기독교 계시는 예수 그리스도께서 하나님이심을 알리는 것이다. 만일 예수 그리스도가 하나님이 아니시라면 하나님은 없다. 따라서 예수님이 하나님이 아니시라면 기독교인들은 불가지론자가 된다. 예수님을 하나님으로 믿는 자들을 '그리스도인'이라고 한다. 그리스도인들은 하나님에 대해 아무것도 아는 바가 없으며 그들이 하나님에 대해 아는 모든 것은 예수 그리스도께서 주신 계시밖에 없다. 그리스도인들은 예수 그리스도 하나님 외에 다른 하나님을 알지 못한다.

예수 그리스도는 가장 귀하고 거룩하신 사람이었다. 우리는 주님이 자신에 대해 조금도 속일 수 없는 분이라는 점, 주님이 다른 사람을 조금도 속이실 수 없다는 점을 알아야 한다. 주님은 "만일 네가 아버지께 구하면 하나님 아버지께서는 내게 있었던 바로 그 성향을 네게도 주실 것이다"라고 말씀하셨다. 예수님께서는 우리에게 아버지로부터 성령을 구하라고 하셨다. 그때 아버지께서는 예수님을 주관하셨던 그 성령을 우리에게도 주실 것이라고 하셨다. 예수님께서 하나님이 아니시라면 어떻게 이러한 권한이 있겠는가?

만일 지금 당신 안에 예수 그리스도께서 실제임을 증명할 만한 것이 아무것도 없다면 기꺼이 성령을 구하겠는가? 만일 당신이 원하지 않기 때문에 예수 그리스도께서 제안하신 대로 해볼 의향이 없다면 당신은 더 이상 예수 그리스도에 대해 의심할 자격이 없게 된다. 예수님의 말씀대로 해보고 확신하라.

지성주의자들은 의지의 문제를 전혀 다루지 않는다. 하나님께서는 어떤 사람이 기꺼이 간구하면 당장 그 사람에게 임하신다. 그러면 그는 현실적인 경험 속에서 자신의 커다란 변화를 분명하게 볼 수 있게 된다. 상황 및 사물을 대하는 그의 태도가 달라진다. 그러면 자신이 바뀐 것을 보고 깜짝 놀라게 된다.

당신이 만일 여전히 무엇을 믿어야 하는지를 알 수 없다면 예수 그리스도의 권위를 믿고 하나님께 나아가보라. 그리고 예수님께서 시키신 대로 하나님께 성령을 당신에게 보내주실 것을 부탁해보라. 성경이 말하는 거듭남이 무엇인지 체험하게 해달라고 아뢰라. 거듭남이란 새로운 유전형질을 받는 것을 의미한다. 예수 그리스도는 결코 당신이 누구인지, 그리고 어떤 신조를 믿는지 묻지 않으셨다. 단지 "너희는 나를 누구라 하느냐"라고 물으셨다. 당신의 현실적인 삶은 예수 그리스도에 의해 변화되었는가? 하나님께서는 한 사람의 인생이 예수 그리스도와 어떠한 관계를 맺느냐에 따라 좌우되게 하셨다.

신조의 사실과 교회의 교리들

신조란 기독교의 믿음의 내용을 질서 있게 설명해놓은 것이다. 그러나 신조는 성도가 가진 믿음을 설명하기 위한 것이지, 믿지 않는 자에게 기독교의 믿음을 주기 위한 것이 아니다. 즉, 신조란 아직 구원받지 못한 자들을 위한 것이 아니라 이미 신앙에 들어온 자들을 위해 마련된 가장 정돈된, 지적인 내용들이다. 교회가 믿지 않는 자들에게 신조를 강요하는 것과, 또한 그 내용을 믿어야 교인으로 받아들이겠다고 하는 것은 큰 실수를 하는 것이다. 그러할 경우 신조를 흉

내내는 앵무새들만 많이 나올 수 있다.

"당신은 신조를 믿어야 합니다!"

그러면 어떤 사람이 말한다.

"나는 그럴 수 없습니다. 만일 신조의 내용이 그리스도인이 되기 위한 필수 불가결인 조건이라면 나는 그리스도인이 될 수 없습니다."

신조는 필요한 것이다. 그러나 필수 불가결한 것은 아니다. 만일 당신이 신조만 신봉한다면 하나님께서 신조를 초월하는 역사를 일으키실 때 당신은 하나님을 알아보지 못하고 그분을 거부하게 될 것이다.

가르치는 자의 은사

"그가 어떤 사람은 사도로, 어떤 사람은 선지자로, 어떤 사람은 복음 전하는 자로, 어떤 사람은 목사와 교사로 삼으셨으니"엡 4:11.

> 만일 당신이 신조만 신봉한다면 하나님께서 신조를 초월하는 역사를 일으키실 때 당신은 하나님을 알아보지 못하고 그분을 거부하게 될 것이다.

교회 내에서 어떤 사람이 가르칠 자격이 되는 사람인가를 알아보려면 그가 당신으로 하여금 예수 그리스도와 더 친밀하게 만들어주는지를 보면 된다. 여러 새로운 깨달음과 생각을 나누어 주었다고 해서 참된 선생이 되는 것은 아니다. 당신으로 하여금 조금이라도 더 예수 그리스도를 알게 하며 가까워지게 할 수 있어야 참된 선생이다. 오늘날 교회는 설교자의 자격 여부를 결정할 때 얼마나 성도들을 주 안에서 세우느냐를 따지기보다 그 설교자가 어떤 조건을 가지고 있느냐를 따지는 실수를 범하고 있다.

기관의 성장

"열두 사도가 모든 제자를 불러 이르되 우리가 하나님의 말씀을 제쳐놓고 접대를 일삼는 것이 마땅하지 아니하니 형제들아 너희 가운데서 성령과 지혜가 충만하여 칭찬 받는 사람 일곱을 택하라 우리가 이 일을 그들에게 맡기고 우리는 오로지 기도하는 일과 말씀 사역에 힘쓰리라 하니"행 6:2-4.

기독교의 기관이 곧 기독교는 아니다. 기관이 제일 중요하게 여겨지지만 않는다면 기관이란 좋은 것이다. 그러나 기관 자체를 최고로 여기고 소중히 여기는 순간, 기관은 사람 위에 군림하게 된다. 우리는 우리가 속한 어떤 교회 기관이나 선교 기관의 교리와 신조를 따르기 때문에 스스로 기독교인이라고 착각할 때가 있다. 그러나 기독교 교회의 회원 자격은 예수 그리스도가 누구신지에 대해 성령에 의해 인격적으로 알게 되었느냐 하는 것이다. 기독교의 근본은 어떤 기관의 교리나 신조가 아니라 우리를 자유하게 하시는 성령의 조명하심이다.

"나는 예수님이 누구신지 보았습니다."

주님을 인격적으로 만나뵌 것은 결코 지적 개념의 차원이 아니라 가장 놀라운 초자연적인 차원의 사건이다.

지식으로 붙잡을 수 있는 것

> "너희 마음에 그리스도를 주로 삼아 거룩하게 하고 너희 속에 있는 소망에 관한 이유를 묻는 자에게는 대답할 것을 항상 준비하되 온유와 두려움으로 하고" 벧전 3:15.

베드로는 '설명하라'고 말하지 않고 "너희 속에 있는 소망에 관한 이유"를 말하라고 한다. 곧 당신이 당신의 삶의 소망을 어디에 두고 있는가를 말할 준비가 되어 있어야 한다는 뜻이다. 믿음이란 주님의 역사를 다 이해할 수 없어도 마음과 뜻을 다해 하나님의 성품을 신뢰하는 것이다.

"나는 왜 하나님께서 그러한 일을 허락하시는지 알 수 없습니다.

그러나 내게 아무리 모순되어 보일지라도 나는 마음을 다하여 주님의 성품을 의지합니다."

이것이 믿음이다. 믿음은 의식적인 것이 아니다. 인격적인 관계로부터 오는 것으로서 누군가를 신뢰하게 될 때 무의식적으로 표현되는 것이다. 그래서 나의 믿음은 내가 하는 행동으로 나타나게 되어 있다. 그리고 서서히 나 자신이 확신을 둔 그 자리에서부터 믿음을 설명할 수 있게 된다.

세뇌는 믿음이 아니다. 쉽게 속는 것도 믿음이 아니며, 숙명론도 믿음이 아니다. 믿음은 지식과 모순되지 않으며 지식으로 믿음을 붙잡아야 한다. 그러나 지식은 둘째가 되어야지 첫째가 되어서는 안 된다. 언제나 믿음이 첫째여야 한다.

바울은 모든 것을 예수 그리스도의 말씀 아래 두었다. 만일 주님이 주님께서 주장하신 그러한 분이 아니시라면 기독교에는 아무것도 없고 순전히 허구만 있을 뿐이다. 그러나 예수 그리스도께서 거짓말쟁이나 몽상가가 아니시라면, 그리고 그분이 자신에 대해 주장하신 것이 사실이라면 기독교는 지금까지 그 어떤 사람에게도 소개되지 않았던, 가장 엄중한 사실이 된다.

:: 두 번째 장 ::

그리스도인의 주된 관심은 하나님께 있다

우리는 우리의 주도적인 관심이 무엇이냐에 따라
우리의 영적인 삶을 측정할 수 있다.
위기 속에서 끝까지 붙잡는 것이
바로 당신의 주도적인 관심이다.

"만일 너희 속에 하나님의 영이 거하시면 너희가 육신에 있지 아니하고 영에 있나니 누구든지 그리스도의 영이 없으면 그리스도의 사람이 아니라"롬 8:9.

우리가 위로부터 거듭날 때 우리를 주관하시는 영은 하나님의 영이시다. 한편 우리의 육체의 마음은 언제나 자아 실현을 원한다. 거듭난 후에 사람이 영적인 삶에서 제일 먼저 의식하게 되는 것은 성령과 육체의 분리이다. 따라서 거듭남의 초기 단계의 체험은 내면 세계 속에서의 갈등이다.

"육체의 소욕은 성령을 거스리고 성령의 소욕은 육체를 거스리나니 이 둘이 서로 대적함으로 너희의 원하는 것을 하지 못하게 하려 함이니라"갈 5:17.

주도적인 관심 vs 관심의 대상들

"이는 그리스도 예수 안에 있는 생명의 성령의 법이 죄와 사망의 법에서 너를 해방하였음이라" 롬 8:2.

우리는 우리의 주도적인 관심이 무엇이냐에 따라 우리의 영적인 삶을 측정할 수 있다. 당신의 주도적인 관심이 무엇인지 어떻게 알 수 있는가? 그것은 각 사람마다 다르다. 당신의 시간을 가장 많이 사용하는 것이 당신의 주도적인 관심일까? 꼭 그렇지는 않다. 위기 속에서 끝까지 붙잡는 것이 바로 당신의 주도적인 관심이다. 또한 대체로 무엇으로 슬퍼하고 기뻐하는가를 보면 그 사람의 주도적인 관심을 알 수 있다. 사람은 자신의 주도적인 관심에 마음을 빼앗긴다.

예수님의 주요 관심은 이 세상에 없으셨다. 주님의 관심은 외부적인 것이 아니라 내부적인 것이었다. 주님의 주도적인 관심은 하나님과 함께 숨겨져 있었다. 하나님의 나라가 주님의 마음속에 있었으며, 주님은 일반적인 사회의 삶 속에서 가장 드러나지 않은 방법으로 하나님과 시간을 보내고 계셨다. 주님의 외부적인 삶은 구체적으로 뚜렷하게 드러났다. 세리와 같은 죄인들과 시간을 보내셨으며 매우 종교적이지 않은 일들을 행하셨다. 그러나 그분이 절대로 하지 않은 것이 있었다. 바로 주님의 마음속에 있는 하나님의 나라를 절대로 오염시키지 않으신 것이다.

하나님께서는 우리를 다루실 때 마치 백합화를 다루는 것같이 하신다. 곧 주께서는 당신으로 하여금 뿌리를 깊게 내리게 하신다. 그러나 그 과정에서 당신은 아무 열매를 맺지 못한다. 그래서 한동안 당신은 주님의 약속이 전혀 이루어지지 않는 것처럼 여긴다.

예수님 당시에 예수님이 누구시며 그분이 무엇을 하러 오셨는지를 아는 유일한 사람들은 몇 안 되는 어부들이었다. 예수님께서 돌아가시고 부활하신 후에 주께서는 분명하게 그들에게 하늘에서부터 능력을 입을 때까지 예루살렘을 떠나지 말고 기다리라고 당부하셨다. 그때 일반 상식으로 반응한다면 "말도 안 됩니다. 지금은 기다릴 시간이 아닙니다. 우리만이 이러한 사실을 아는 유일한 사람들입니다. 당장 나가서 이 진리를 선포해야 합니다"라고 말했을 것이다. 그러나 예수님께서는 "… 할 때까지 기다리라"고 당부하셨다.

기다리라! 당신의 주도적인 관심이 뿌리를 깊게 내리게 될 것이다. 그러나 당신이 종교 생활의 여러 관심에 의해 식사 시간도 없이 정신없이 살게 되면, 당신의 사역은 오히려 당신이 하나님께 집중하는 것을 교묘하게 막게 될 것이다. 안타깝게도 너무나 많은 사람들이 하나님께 집중하는 것보다 종교적인 일에 더 관심이 많다. 진정한 예배보다 행사에 마음을 빼앗긴다. 하나님께 집중하기보다 사람들의 눈에 띄는 여러 일들에 신경을 쓰며 기도회를 인도하고 여러 모임을 갖는다. 그러나 하나님께서 정말로 당신을 모든 사람들의 눈에 가장 잘 띄는 그 자리에 두신 것이 맞을까? 당신은 왜 그러한 자리에서는 하나님께 영광을 돌리는 것 같은데, 평범한 삶으로 돌아와서는 하나님께 영광을 돌리지 못하는가?

우리가 이곳에 있는 이유는 하나님께 "저를 위해 이렇게 해주세요"라고 부탁하기 위함이 아니다. 오히려 주께서 원하시는 곳에서 그분이 원하시는 대로 우리를 사용하시라고 이곳에 있는 것이다. 기도도 그렇게 해야 한다. 하나님께서 우리에게 원하시는 것은 주를 위한다는 명분의 어떤 사역에 빠져드는 것이 아니다. 하나님은 우리가 항상 그 무엇보다 주님께 더 큰 관심을 갖기를 원하신다.

당신이 그리스도 안에 뿌리를 내리고 믿음이 깊어지면 가장 위대한 일을 할 수 있게 된다. 당신이 해야 하는 가장 위대한 일은 위대한 존재가 되는 것이다. 스스로 필요한 사람이 되려고 애쓰지 말라. 당신의 모습 그대로 주님께 드리라. 그러면 하나님께서 주님의 목적을 이루시기 위해 당신을 더욱 크게 사용하실 것이다.

특정 영감 vs 개인적인 열망

> "육신을 따르는 자는 육신의 일을, 영을 따르는 자는 영의 일을 생각하나니" 롬 8:5.

특별한 영감은 뚜렷하게 성품으로 나타난다. 사람의 생명에는 온

갖 종류의 영감이 임하게 되어 있다. 예를 들어 마태복음 16장 16-25절을 보면, 베드로는 두 가지 영감을 받게 된다. 하나는 하나님으로부터 받고 다른 하나는 사탄으로부터 받고 있다. 그러나 그는 그 영감이 어디에서 왔는지 주님께서 친히 알려주시기까지 아무것도 알지 못했다. 주께서 말씀하셨다.

"이것은 하나님의 음성이요, 다른 하나는 사탄의 음성이라."

그리스도께 속한 특별한 영감은 성령의 특징을 나타낸다. 예수님은, 성령이 예수님을 영화롭게 할 것이라고 말씀하셨다.

> "보혜사 곧 아버지께서 내 이름으로 보내실 성령 그가 너희에게 모든 것을 가르치시고 내가 너희에게 말한 모든 것을 생각나게 하시리라" 요 14:26.

성령은 자신으로부터 말씀하시거나 자신에 관하여 말씀하지 않으신다. 어떤 사람이 아주 예외적인 일을 한 후에 "하나님께서 나에게 이것들을 하라고 말씀하셨습니다"라고 말하면, 이는 그가 어떤 영감을 받은 것일 수 있으나 아직 예수 그리스도의 특징이 드러나고 있지 않으니 성령의 영감이라고 단정할 수 없다. 예수 그리스도의 성품이 나타나야만 성령의 영감이다. 거룩이란 성령의 영감으로 승화된 도덕을 의미한다.

사람이 잘못된 영감을 받게 되면 가장 무섭고 난폭한 일들도 행하게 된다. 또한 스스로 그 영감을 통제할 수 없게 된다. 그러나 성령의 영감은 당장 그 특징을 드러낸다. 만일 당신이 어떤 일을 하도록 충동적으로 영감을 받았다면 그 영감이 성령으로부터 온 것인지 확인하라. 확인 방법은 그 영감이 예수 그리스도의 특징을 가지고 있는지를 묻는 것이다.

"무릇 하나님의 영으로 인도함을 받는 사람은 곧 하나님의 아들이라"롬 8:14.

순수한 예배 vs 의지의 힘

"이런 것들은 자의적 숭배와 겸손과 몸을 괴롭게 하는 데는 지혜 있는 모양이나 오직 육체 따르는 것을 금하는 데는 조금도 유익이 없느니라"골 2:23.

예수 그리스도의 성품이 나타나야만 성령의 영감이다.
거룩이란 성령의 영감으로 승화된 도덕을 의미한다.

만일 우리가 자신을 영화롭게 하기를 원한다면 우리는 예수 그리스도께로부터 오는 영감을 받은 것이 아니다. 성령의 영감은 우리로 하여금 하나님께 예배하게 한다. 예배는 하나님께서 우리에게 주신 최선을 하나님께 다시 드리는 것이다. 그때 하나님께서는 그것을 받으시고 주님의 것으로 만드시며 또한 영원히 우리의 것으로 만들어 주신다. 하나님께서 당신에게 주신 최고의 것이 무엇인가? 주께서 말씀하신다.

"지금 네 자신에 대한 권리를 내게 희생하라."

만일 당신이 그렇게 하면, 주님은 그것을 영원히 주님과 당신의 것으로 만드실 것이다. 만일 그렇게 하지 않으면 그것은 당신에게 죽음을 가져올 것이다. 그것이 바로 아브라함이 이삭을 희생 제물로 바친 의미이다. 이삭은 아브라함에게 주신 하나님의 선물이었다. 그러나 하나님께서 말씀하셨다.

"여호와께서 가라사대 네 아들 네 사랑하는 독자 이삭을 데리고 모리아 땅으로 가서 내가 네게 지시하는 한 산 거기서 그를 번제로 드리라"창 22:2.

아브라함은 순종하였고 결국 그 순종을 통해 하나님께 드리는 진정한 희생과 참된 예배에 대한 깨달음을 얻을 수 있었다. 내가 가지고 있는 최고의 것은 나 자신을 향한 나의 권리이다. 만일 내가 하나님의 영으로 거듭났다면 나는 내 몸을 예수 그리스도께 드려야 한다.

"그러므로 형제들아 내가 하나님의 모든 자비하심으로 너희를 권하노니 너희 몸을 하나님이 기뻐하시는 거룩한 산 제사로 드리라 이는 너희의 드릴 영적 예배니라"롬 12:1.

의지의 힘은 믿음과 완전히 다른 것이다. 의지의 힘에 대해 어떤 사람은 이렇게 말한다.
"정직이 최선의 정책이라는 점에서 볼 때 그리스도인이 된다는 것은 분명히 좋은 것입니다. 그러나 믿는다고 말하는 것은 비겁한 것이지요. 의지의 힘으로 의를 이룰 수 있습니다."
그러나 각 개인의 이러한 소원은 의로움의 수박 겉핥기에 불과하다. 만일 성령에 의한 주도적인 영감을 부여받지 못한다면 의지의 힘이란 죽은 것과 마찬가지이다. 바로 이러한 이유 때문에 예수님께서는 서기관과 바리새인들을 향해 "화 있을진저 외식하는 서기관들과 바리새인들이여 회칠한 무덤 같으니"라고 말씀하셨다마 23:27. 그러나 주님의 제자들에게는 "그러므로 무엇이든지 저희의 말하는 바는 행하고 지키되 저희의 하는 행위는 본받지 말라 저희는 말만 하고 행치 아니하며"마 23:3라고 말씀하셨다. 이는 모든 인간들은 큰 결함이 있기 때문에 성령의 주도적인 영감을 받지 않으면 아무런 선한 것을 행할 수 없다는 뜻이다.

우리는 우리 자신이 짓지 않는 죄악들에 대해 남을 정죄하기를 좋아한다. 반면 자신의 죄악들에 대해서는 그것이 다른 죄악들보다 열 배 이상으로 악함에도 불구하고 끝까지 변명을 늘어놓는다. 그러나 만일 우리가 성령으로 영감을 받으면 우리의 삶은 위선적이거나 주제를 넘지 않고 겸손하게 된다. 우리의 모든 주도적인 관심이 오직 하나님 한 분이신 가운데 금욕주의적인 삶의 자세를 취하지 않으면서도 완벽하고 자연스러운 삶을 살게 된다.

하나된 동거 vs 필수불가결한 죽음

"만일 너희 속에 하나님의 영이 거하시면 너희가 육신에 있지 아니하고 영에 있나니 누구든지 그리스도의 영이 없으면 그리스도의 사람이 아니라" 롬 8:9.

우리의 참된 생명은 지성이나 도덕이나 신체의 먹고 마시는 것에 있지 않다. 우리의 참된 생명은 예수 그리스도와의 관계에 있다. 만일 우리가 이것을 인정하고 삶의 위기 가운데 주님과 일치되기를 힘쓰면 하나님께서 모든 나머지 것들을 돌보실 것이다. 그러나 만일 우리가 우리의 영감을 다른 곳에서 얻으려 할 때는 아무리 노력해도 얻지 못할 것이며 참된 생명을 얻지 못해 결국 죽게 될 것이다.

새 창조 vs 거룩하게 된 자연

"그런즉 누구든지 그리스도 안에 있으면 새로운 피조물이라 이전 것은 지나갔으니 보라 새것이 되었도다"고후 5:17.

우리 안에 성령이 내주하시면 우리는 새로운 세계에 거하게 된다. 사랑에 빠진 사람과 죄책감에 빠진 사람은 외적으로 볼 때 같은 상황에 있을 수 있다. 그러나 한 사람은 사랑의 기쁨 속에 있고 다른 한 사람은 저주의 고통 속에 있다. 또한 어떤 두 사람이 인생의 광야 길에 함께 있을 수 있다. 이때 한 사람은 그 광야를 이유 없는 고통으로만 여기고 비참함 가운데 있는 반면, 다른 한 사람은 그 광야에서 활짝 피어 있는 장미를 발견한다. 이는 한 사람의 성향은 악한 것이기에 태양 가운데서 빛을 보지 못하는 것이요, 그 어떠한 것에서도 아름다움을 보지 못하는 것이다. 이는 그를 주관하는 악한 성향 때문에 늘 비참함 밖에 모르는 것이다. 그러나 다른 한 사람은 "저 하늘은 푸르고 밝으며 땅은 따스한 낙원이요, 모든 생명이 다 귀할 뿐입니다"라고 노래한다. 바로 그리스도의 마음이 그 사람 안에 있기 때문이다.

최근에 자연적인 재능을 주께 드리는 것이 한창 유행인데, 그 안에는 덫이 있다.

"나는 목소리의 재능이 있으니 이를 하나님께 드리고 항상 나의 왕을 위해 노래하리라."

만일 이 사람이 하나님께 헌신되어 있다면 하나님께서 주신 재능으로 얼마든지 노래하는 것은 귀한 일이다. 그러나 "내 삶을 드립니다. 받아주소서"라고 찬양하면서 마귀를 섬기고 있다면 이는 큰 문제이다. 즉, 노래하는 외부적인 모습이 문제가 아니라 그 사람을 주관하는 성향이 무엇이냐 하는 것이 더 중요한 것이다.

우리의 찬송에는 우리의 재능을 드려야 한다는 내용이 들어 있지만 하나님의 말씀 안에는 그러한 지시가 없다. 성경이 우리에게 주께 드리기를 원하는 것은 재능이 아니라 우리의 생명 전부이다. 우리의 온몸을 다 드리는 것이다. 부분적으로 드리지 않고 우리의 몸과 마음을 전부 드릴 때 하나님께서 받으신다.

이와 같이 주님과 하나 되는 차원이 아니라 부분적인 차원이나 다른 차원에서 드려질 때 우리는 예수 그리스도와 일치될 수 없다. 이러한 부분적인 헌신은 오직 자신과 일치가 되면서 죽음을 만들 뿐이다. 내면적으로 예수 그리스도와 하나가 되어 동거해야만, 우리는

> 성경이 우리에게 주께 드리기를 원하는 것은 재능이 아니라 우리의 생명 전부이다. 우리의 온몸을 다 드리는 것이다. 부분적으로 드리지 않고 우리의 몸과 마음을 전부 드릴 때 하나님께서 받으신다.

더 풍성한 삶을 누리게 된다.

    그리스도인의 삶에서 성도는 언제나 젊다. 모든 것이 주 안에서 형통할 것으로 알고 언제나 명랑하며 놀랍도록 젊다. 그리스도인들이 하나님의 구원을 깨닫고 눈이 뜨이게 되면 감당할 수 없는 평강과 기쁨으로 충만하게 된다. 진정한 하늘의 기쁨은 우리가 모든 염려를 주께 맡길 때 주께서 우리를 돌보신다는 확신에서 온다. 이것이 바로 우리가 예수 그리스도와 일치가 되어 있다는 가장 위대한 표지이다.

세 번째 장:
그리스도인의 마음은 그리스도와 일치되어 있다

가난한 심령마다 예수 그리스도께서
십자가 상에서 이루신 사역을 근거로 성령을 받게 된다.
성령을 받을 때 주님은 당신의 생명과
주님의 생명을 일치시키신다.

chapter 3

"그는 실로 우리의 질고를 지고 우리의 슬픔을 당하였거늘 우리는 생각하기를 그는 징벌을 받아 하나님께 맞으며 고난을 당한다 하였노라 그가 찔림은 우리의 허물 때문이요 그가 상함은 우리의 죄악 때문이라 그가 징계를 받으므로 우리는 평화를 누리고 그가 채찍에 맞으므로 우리는 나음을 받았도다 우리는 다 양 같아서 그릇 행하여 각기 제 길로 갔거늘 여호와께서는 우리 모두의 죄악을 그에게 담당시키셨도다"사 53:4-6.

우리가 예수 그리스도를 대하는 즉시 두 가지 관건issue이 생긴다. 첫째는 관심의 관건이고, 둘째는 일치의 관건이다. 당신은 어떤 관건에 사로잡히는가?

"그러므로 우리가 그리스도 도의 초보를 버리고 죽은 행실을 회개함과 하나님께 대한 신앙과"히 6:1.

관심

"그들이 예수를 십자가에 못 박은 후에 그 옷을 제비 뽑아 나누고 거기 앉아 지키더라"마 27:35-36.

주님께 관심을 가지고 있는 사람들은 로마 군병들이었다. 저들도 주님께 관심이 있었다니 하나님께 감사하자! 우리 주 예수 그리스도의 매력은 언제나 모든 사람들의 관심의 대상이다. 경건한 예식들, 개인적인 고해성사, 하나님을 찾는 특별한 기념일에 그들은 교회에 '앉아' 주님을 지켜본다. 그러면 감상에 젖어 마음이 녹으며 자신을 낮추고 집회에 마음을 둔다. 이러한 상태가 초기 신앙을 가질 때는 얼마나 은혜로울 수 있겠는가! 그러나 그 상태에 머무는 것은 참으로 위험하다.

숙연한 침묵 가운데 관심을 갖는 이 단계는 좀 더 발전하여 다음 단계로 나아간다. 마가복음 15장 39절을 보면, "예수를 향하여 섰던 백부장이 그렇게 운명하심을 보고 가로되 이 사람은 진실로 하나님의 아들이었도다 하더라"고 기록되어 있다. 지금 이 백부장은 '서 있는' 자세이다. 그리고 예수님에 대해 진지한 언급을 하고 있다. 주님이 이 땅의 그 어떠한 사람보다 가장 고결한 순교자로 간주되고 있다. 주님의 삶과 이상이 주님 당시의 사람들이 받아들이기에 너무나 고상하여 그 당시 사람들은 그 이상을 감당할 수 없어서 예수님을 십자가에 못 박았던 것이다. 예수 앞에 서 있던 백부장은 이를 느끼면서 "이 사람은 진실로 하나님의 아들이었도다"라고 고백하고 있다. 곧 '앉아 있는' 관심의 단계에서 한 단계 더 발전하여 이제는 '서 있는' 관심의 단계로 나아갔다. 그는 주님에 대해 "모든 선지자, 예언자, 순교자 중 최고"라는 고백을 하고 있다.

관심의 관건은 더 발전을 하게 되는데, 요한복음 1장 38-39절을 보면, "랍비여, 어디 계시오니이까 예수께서 가라사대 와 보라 그러므로 저희가 가서 계신 데를 보고 그날 함께 거하니"라고 기록되어 있다. 이들은 인간의 자연적인 마음에서 나오는 자연스러운 애착으로 주 예수 그리스도를 동감하는 영혼들을 대표한다. 그들은 예수님을 인간적인 차원에서 동감하는 가운데 예수님을 사랑하며 따랐다. 예수님께서 이 땅에 계실 때 제자들의 마음이 다 이와 같았다. 그러나 점점 주님의 가르침에 당황하게 되고 특히 주님이 십자가와 부활을 말씀하실 때 그들은 너무나 어색해했다. 겟세마네에서는 낙망과 슬픔에 사로잡혀 마침내 주님을 버리고 도망했다. 주님께서는 오직 홀로 우리를 위해 주님의 목적지인 십자가에 오르셔야 했다.

대단히 많은 사람들이 '그날'에 주님과 함께 거했다. '그날'은 '자연적' 관심과 헌신의 날이었다. 정직하고 진지한 영혼들이, 베드로와 같은 영웅심으로 혹은 요한처럼 거룩하고 싶은 욕망으로, 도마처럼 철저한 논리 가운데, 모든 것을 버리고 예수님을 따랐다. 그러나 시간이 지나면서 그들의 마음은 실망으로 찢겨지며 방황하게 되었다. 그리고 천천히 그러나 확실하게 주님과의 관계를 끊고 뒤로 물러났다. 맨 처음 주님을 따르기 전의 자리로 다시 돌아갔다.

> "이러므로 제자 중에 많이 물러가고 다시 그와 함께 다니지 아니하더라" 요 6:66.

안타깝게도 우리 주변에는 이와 같이 방황하고 헷갈려 하는 영혼들이 많이 있다. 그들은 전에 예수님께 매료되어 세상의 모든 것을 기꺼이 버리고 따랐던 자들이다. 주님을 향한 관심이 매우 진지하기에 죄악의 쾌락도 이들에게 틈타지 못했다. 그럼에도 결국 그들의 마음속에는 예수님께 대한 실망과 비참함 밖에 남아 있지 않았다.

그들은 자신들의 이러한 내적 비참과 불만족을, 다른 사람에게는 말할 것도 없고 자신에게마저 솔직하게 드러내지 않는다. 이들은 어디에서 실패한 것일까? 혹시 당신도 이러한 자리에 있는 것은 아닌가? 그렇다면 당신은 십자가의 길 위에 있다. 따라서 반드시 십자가로 가야 한다. 주님의 말씀을 들어보라.

"너희가 악할지라도 좋은 것을 자식에게 줄 줄 알거든 하물며 너희 천부께서 구하는 자에게 성령을 주시지 않겠느냐 하시니라"눅 11:13. "이 말씀을 하시고 저희를 향하사 숨을 내쉬며 가라사대 성령을 받으라"요 20:22.

가난한 심령마다 예수 그리스도께서 십자가 상에서 이루신 사역을 근거로 성령을 받게 된다. 성령을 받을 때 주님은 당신의 생명과 주님의 생명을 일치시키신다.

"내가 너희를 고아와 같이 버려두지 아니하고 너희에게로 오리라" 요 14:18.

중간 단계

"잔치할 시각에 그 청하였던 자들에게 종을 보내어 이르되 오소서 모든 것이 준비되었나이다 하매 다 일치하게 사양하여 한 사람은 이르되 나는 밭을 샀으매 아무래도 나가보아야 하겠으니 청컨대 나를 양해하도록 하라 하고 또 한 사람은 이르되 나는 소 다섯 겨리를 샀으매 시험하러 가니 청컨대 나를 양해하도록 하라 하고 또 한 사람은 이르되 나는 장가 들었으니 그러므로 가지 못하겠노라 하는지라 종이 돌아와 주인에게 그대로 고하니 이에 집 주인이 노하여 그 종에게 이르되 빨리 시내의 거리와 골목으로 나가서 가난한 자들과 몸 불편한 자들과 맹인들과 저는 자들을 데려오라 하니라 종이 이르되 주인이여 명하신 대로 하였으되 아직도 자리가 있나이다 주인이 종에게 이르되 길과 산울타리 가로 나가서 사람을 강권하여 데려다가 내 집을 채우라 내가 너희에게 말하노니 전에 청하였던 그 사람들은 하나도 내 잔치를 맛보지 못하리라 했다 하시니라"눅 14:17-24.

관심의 단계에 있는 사람들이 쓴 종교 서적들은 많은 사람들에게 읽히지만 결국 아무 힘도 주지 못한다. 그 서적들은 주님께서 십자가를 지시기 전의 귀한 주님의 말씀들을 다룬다. 그러나 그 내용들은 아주 모순되거나 맹목적인 요소들로 가득 차 있다. 그럴 수밖에 없는 이유는, 주님께서 언급하신 말씀이나 성경의 내용은 오직 예수 그리

이 모든 선물들은 오직 우리의 구세주이신 주 예수 그리스도의 십자가에 근거해서만 주어지게 된다.
십자가를 무시할 경우 인생이라는 것은 결국 방향 없는 광야 가운데 있는 것과 같다.

스도께서 성령을 보내주셔서 성령께서 그 내용을 조명해주셔야 깨달을 수 있기 때문이다. 성령은 예수 그리스도의 속죄에 대해 눈을 감는 자들에게 주어질 수 없다. 성령도 선물이며 죄사함도 선물이요 영생도 선물이다. 그러나 이 모든 선물들은 오직 우리의 구세주이신 주 예수 그리스도의 십자가에 근거해서만 주어지게 된다. 십자가를 무시할 경우 인생이라는 것은 결국 방향 없는 광야 가운데 있는 것과 같다. 마침내 그 광야에서 꿈과 이상을 다 잃게 되면서 비참함 가운데 머물게 된다. 그 후 오직 그들에게 남는 것은 어둡고 불투명한 미래와 함께 마침내는 영원한 어두움에 종착하는 것이다.

> 당신은 하늘에서 불꽃이라도 기다리는가,
> 우리도 기다린다네.
> 그 불꽃이 우리의 상심한 마음을 태울 수만 있다면.
> 전혀 깊게 느낄 수 없고, 분명하게 뜻을 둘 수 없는
> 풍성한 열매로 이어지지 못하는 깨달음들과
> 전혀 이루어지지 못하는 모호한 결심들.
> 우리는 매해 누구를 위해 새로운 시작을 하는가.
> 그러나 오직 새로운 실망만 남을 뿐.
> 머뭇거리며 쓰러지다 보니 인생은 사라지는구나.
> 오늘 얻은 것을 내일 잃을 것이니
> 아! 우리 방랑자여, 또 기다릴 것이 무엇인가!
> -매튜 아놀드

어찌 이렇게 슬픔의 밤을 기다리는 자들에게 우리 주 예수 그리스도께서 보내신 성령의 선물과 그 강한 거듭남의 역사가 임하지 않겠는가? 친구여, 당신이 만일 위에 표현된 시의 감상을 이미 느끼는 자라면 지금 십자가의 공로를 의지하여 하나님께 간구하라. 그리고 하나님께 성령을 선물로 달라고 구하라. 그리고 믿음으로 성령을 받으라.

일치

"내가 그리스도와 함께 십자가에 못 박혔나니 그런즉 이제는 내가 사는 것이 아니요 오직 내 안에 그리스도께서 사시는 것이라 이제 내가 육체 가운데 사는 것은 나를 사랑하사 나를 위하여 자기 자신을 버리신 하나님의 아들을 믿는 믿음 안에서 사는 것이라"갈 2:20.

이 구절이 각 개인에게 강력하게 요구하는 것은, 자신의 유익을 구하며 자신의 권리를 주장하는 우리 속의 죄성에 우리의 모든 감정적, 지적, 의지적인 마음을 다해 사형 선고를 내리라는 것이다.

바울은 "내가 그리스도와 함께 십자가에 못 박혔나니"라고 말한다. 이는 "내가 그리스도를 닮기로 작정하였다"는 의미도 아니고 "내가 주님을 따르기로 작정했다"는 의미도 아니다. "내가 그리스도와 함께 일치가 되었다"는 뜻이다. 이것이 살아 있는 경건 생활의 핵심이다. 따라서 개인적으로 이러한 결단을 해야 한다.

"나의 하나님, 내가 그 고통의 십자가 위에 있어야 합니다."

> 내 죄성, 나의 죄악들, 나의 구세주!
> 이 모든 것이 그 비참한 십자가에서 함께 죽었네.

우리가 이러한 험난한 영적 결정을 내리고 행동하게 될 때 예수 그리스도께서 십자가 상에서 우리를 위해 이루신 모든 것이 우리 안에 임하게 된다. 곧 우리의 진정한 헌신은 하나님의 그 전능하신 능력으로 예수님께서 이루신 완전한 거룩을 성령으로 하여금 우리 안에 부여하실 수 있도록 하는 것이다.

우리의 모습은 그대로 있으나 우리 안에서 우리를 주관하는 성향이 근본적으로 달라지게 된다. 사람의 몸은 그대로 있지만 사탄이 과거에 나에게 요구하던 권리는 완전히 사라졌다. 등불은 작은 공간을 차지하지만 그 등불이 타오를 때 등불의 빛이 멀리까지 닿고 넓게 펼쳐지는 것처럼, 우리 내면 세계에서 타오르는 빛은 모든 영역에서 영광스러운 광채를 나타내기 시작한다.

> "어두운 데서 빛이 비취리라 하시던 그 하나님께서 예수 그리스도의 얼굴에 있는 하나님의 영광을 아는 빛을 우리 마음에 비취셨느

니라 우리가 이 보배를 질그릇에 가졌으니 … 그런즉 누구든지 그리스도 안에 있으면 새로운 피조물이라"고후 4:6-7 ; 5:17.

내가 원하는 삶을 사는 것도 아니요 내가 어떻게 살게 해달라고 기도하는 삶도 아니다. 내가 보이는 이 육체 가운데 "하나님의 아들을 믿는 믿음 안에서 사는" 삶이다. 이는 하나님의 아들을 믿는 바울의 믿음이 아니다. 하나님의 아들이 바울에게 부여하신 믿음이다. 이는 더 이상 믿음을 위한 믿음이 아니다. 우리의 자아 의식의 경계를 훨씬 넘어서는, 하나님의 아들이 가지셨던 그 믿음과 동일한 믿음이다벧전 1:8.

헌신적으로 따름

"내가 진실로 진실로 네게 이르노니 네가 젊어서는 스스로 띠 띠고 원하는 곳으로 다녔거니와 늙어서는 네 팔을 벌리리니 남이 네게 띠 띠우고 원하지 아니하는 곳으로 데려가리라"요 21:18.

예수님은 베드로를 꾸짖고 계시는 게 아니라, 베드로를 통해 우리 모두의 특징을 드러내신다. 베드로는 주님을 위해 모든 것을 포기했다. 따라서 주님은 베드로에게 모든 것이었다. 그러나 베드로는 예수님께서 언급하시는 '따른다'는 의미를 전혀 몰랐다. 3년 전 예수님께서는 베드로에게 "나를 따르라"고 말씀하셨다. 그때 베드로는 예수님을 쉽게 따랐다. 예수님의 매력이 그를 사로잡았던 것이다. 그러나 예수님을 부인하는 자리에 이르고 베드로의 가슴은 너무나 괴로워서 찢어질 지경이 된다.

> "이에 베드로가 예수의 말씀에 닭 울기 전에 네가 세 번 나를 부인하리라 하심이 생각나서 밖에 나가서 심히 통곡하니라"마 26:75.

이후 예수님께서 다시 베드로에게 말씀하신다.
"나를 따르라."
베드로는 다시 자신의 지식과 의지와 모든 것을 항복한 가운데 주를 따른다. 지금 베드로 앞에는 오직 주 예수 그리스도 외에는 아무것도 보이지 않는다.

> 우리는 "주님, 당신의 뜻을 보여주소서"라고
> 말하는 대신 우리 자신이 하나님의 뜻이 되어
> 주님이 원하시는 대로 우리를 마음껏 사용하시도록 해야 한다.
> 곧 주님께 나 자신을 다 드리는 것이다.

아직 은혜 가운데 영적으로 어릴 때는 우리는 우리가 원하는 곳으로 간다. 그러나 예수님께서 말씀하신 대로 우리의 뜻과 소원을 전혀 묻지 않는 때인 "남이 네게 띠 띠우는" 때가 온다. 이때는 바로 예수 그리스도의 영과 친교를 나누는 영적 체험의 단계로서 "그리스도께서 자기를 기쁘게 하지 않으심"같이 우리도 우리 자신이 아니라 오직 주님만을 기쁘시게 하게 된다롬 15:3. 이때 우리는 "주님, 당신의 뜻을 보여주소서"라고 말하는 대신 우리 자신이 하나님의 뜻이 되어 주님이 원하시는 대로 우리를 마음껏 사용하시도록 한다. 우리는 하나님의 뜻에 자신을 내어드림이 얼마나 큰 특권인지를 깨닫게 된다. 곧 주님께 나 자신을 다 드리는 것이다.

죽음이 따름

우리가 영적으로 미숙할 때는, 우리의 영적인 삶에 독자적인 모습들이 여전히 남아 있다.

"내가 무엇을 해야 할지에 대해 아무도 내게 말하지 않았으면 좋겠어요. 나는 내가 원하는 대로 하나님을 섬길 거예요."

이는 아직 영적으로 경험이 없고 성숙하지 못하기 때문에 나타나는 독자성이다. 여전히 헌신의 근본적인 요소가 결핍된 상태이다. 우리 중 어떤 사람들은 끝까지 독자성을 유지함으로써 영적 초보의 단계를 넘어서지 못한다. 그러나 우리는 봉사가 아니라 하나님을 위해 세움을 받았다. 이를 위해서는 순복이 필요하다. 우리는 순복을 거절함으로 순복하지 않을 수 있다. 그러나 순복하지 않으면 성령께서는 우리로 하여금 가장 끔찍한 모욕을 당하게 하실 것이다. 예수님의 제자가 된 이후로는 과거처럼 독자적이어서는 안 된다. "예수님께서 내게 너무나 많은 것을 요구하지 않으셨으면 좋겠어요"라고 말해서는 안 된다. 주님께서 우리에게 원하시는 단 한 가지는, 주께서 아버지와 하나이셨던 것처럼 이제는 우리와도 완전하게 하나 되는 것이다.

"우리가 하나가 된 것같이 그들도 하나가 되게 하려 함이니이다" 요 17:22.

이것이 '주의 부름의 소망'이며 모든 문제에 해답을 주는 가장 위대한 빛이다. 예수님께서는 "또 저희를 위하여 내가 나를 거룩하게 하오니"라고 말씀하셨다 요 17:19. 예수님께서 우리를 성도로 만드신 이유는 우리로 하여금 우리의 거룩함을 주님께 희생으로 드리게 하기 위함이며 이러한 희생은 우리를 주님과 하나가 되도록 유지시켜 준다.

자연적인 세상에서는 사람들이 스스로 모험을 찾아 즐긴다. 반면 영적인 세계에서는 하나님께서 우리에게 모험을 할 수 있는 기회를 주신다. 주께서는 우리를 다양한 사람들 가운데 두실 것이며, 우리는 그러한 상황에서 자신을 산 제사로 드림으로써 놀라운 기쁨을 얻게 될 것이다.

"이는 내 사랑하는 아들이요 내 기뻐하는 자라"마 3:17.

아버지의 마음은 아들의 충성으로써 말할 수 없는 기쁨을 누리셨다. 우리도 주님께 우리의 거룩한 삶을 산 제사로 드림으로 주 예수 그리스도를 한없이 기쁘게 해드릴 수 있다. 제자들은 아무런 프로그램을 운영할 필요가 없다. 단지 주님을 향한 뜨거운 헌신의 마음만 있으면 된다.

네 번째 장: 그리스도인은 자아 실현이 아닌 그리스도 실현을 원한다

자아 실현의 이상은 더욱 분명하게
예수 그리스도로부터 인간들을 분리시키고 있다.
만일 우리가 **주님의** 제자가 되려 한다면
우리의 이상은 자아 실현이 아니라 **그리스도** 실현이 되어야 한다.

"이에 예수께서 제자들에게 이르시되 누구든지 나를 따라오려거든 자기를 부인하고 자기 십자가를 지고 나를 따를 것이니라"마 16:24.

자아 실현은 현대인들의 표현이다. 현대인들은 "도덕적인 사람이 되라. 종교적인 사람이 되라. 당신 자신을 실현할 수 있도록 똑바로 서라"고 외친다. 그러나 안타깝게도 자아 실현에 근거하여 서 있는 선하고 흠 없는 인생이 가장 많이 예수 그리스도의 가르침을 거부하고 멀리한다.

"만일 우리 복음이 가리웠으면 망하는 자들에게 가리운 것이라 그 중에 이 세상 신이 믿지 아니하는 자들의 마음을 혼미케 하여 그리스도의 영광의 복음의 광채가 비춰지 못하게 함이니 그리스도는 하나님의 형상이니라"고후 4:3-4.

오늘날 복음의 입장에서 볼 때 가장 어려운 문제는 사람들의 외적인 죄가 아니라 자아 실현을 원하는 이상들이다. 이러한 자아 실현의 이상은 더욱 분명하게 예수 그리스도로부터 인간들을 분리시키고 있다. 만일 우리가 주님의 제자가 되려 한다면 우리의 이상은 자아 실현이 아니라 그리스도 실현이 되어야 한다.

소원

예수 그리스도께 매력을 느끼는 자들마다 그들의 삶에 큰 변화가 나타난다. 예수님이 서 계시면, 예수님의 신성에 대한 진리를 받아들이든 안 받아들이든, 속죄에 대한 교리를 믿든 안 믿든 상관없이, 모든 사람들이 그분께 사로잡힌다. 당신의 소원은 무엇인가? 사람들 앞에 멋지고 도덕적으로 뛰어난, 바른 성품의 사람이 되는 것인가? 이러한 소원은 아주 멋지고 우아한 소원이다. 그러나 예수 그리스도께서 그러한 소원을 어떻게 흔들어 채로 거르시는지를 보라.

예수님의 처음 두 제자, 야고보와 요한은 주님을 따르기를 소원했다. 그들은 정열적으로 예수님을 따랐다. 예수님께서 그들에게 주님의 잔을 마실 수 있으며 주님의 받는 세례를 받을 수 있느냐고 물었을 때 그들은 "우리는 할 수 있습니다"라고 대답했다. 그들은 경건하고 겸손한 마음을 소유한 자들이었기 때문에 이러한 대답은 교만이나 속이려는 의도가 아니라 그들의 진심이었다. 그러나 그들은 자신들에 대해 아무것도 몰랐다. 오늘날에도 많은 사람들이 이렇게 말한다.

"네. 주님, 언제나 주님과 함께하겠습니다."

이때 주님께서는 그들에게 조건을 다신다.

> "누구든지 나를 따라오려거든 자기를 부인하고 자기 십자가를 지고 나를 따를 것이니라"마 16:24.

이 말씀의 의미는 무엇일까? 주님께서는 우리의 유익을 얻기 위해 어떤 부분을 거부하라고 가르치신 것이 아니다. 최근에 이러한 금욕 운동이 '자아 부인'이라는 이름으로 활개를 치고 있다. 주님께서 이 말씀을 하실 때 의미하신 바는 "자신에 대한 권리를 모두 부인하고 내게 맡기라"는 뜻이다. 예수님께서는 깨끗하고 흠 없이 살아온 훌륭한 부자 청년에게 제자가 되기 위한 조건으로 이 말씀을 하셨다 마 19:21. 어떤 결과가 나타났는가? 그 청년은 수심으로 가득 찬 얼굴로 떠났다. 이유는 그의 소유가 많았기 때문이다.

"만일 누구든지 나를 따르려거든 단 한 가지 조건이 있는데, 바로 자신에 대한 권리를 양도해야 하는 것이다."

당신은 예수 그리스도께서 당신에 관한 권리를 양도 받을 자격이 되신다고 믿는가? 아니면 구원을 받아들이기는 했지만 주님께 당신의 권리만은 끝까지 양도하기를 거절하는 사람 중 하나인가?

헌신

원칙에 헌신하는 것과 인격체에게 헌신하는 것에는 차이가 있다. 수없이 많은 현대인들이 자신들의 원칙에 헌신한다. 예수 그리스도는 우리에게 어떤 신조에 자신을 헌신하라고 당부하신 적이 없다. 그러나 주님은 주님 자신에게 우리 자신을 헌신하라고 당부하셨다. 자신에 대한 권리를 주님께 매일 양도하며 살아가는 삶이 자기 십자가를 지고 주님을 따르는 삶이다.

예수님께서 우리에게 지라고 하신 십자가는 우리 자신의 신념 때문에 받는 고통이 아니다. 사실 주님과는 아무런 상관 없이 오직 자신의 신념 때문에 고통당하는 자들도 많다. 내가 지는 십자가는 양심의 가책으로 오는 고통을 의미하는 것도 아니다. 마음속에 한 줄기의 하나님 은혜가 없어도 인간들은 자신의 원칙을 위해 얼마든지 순교할 수 있다. 그래서 바울은 "또 내 몸을 불사르게 내어줄지라도 사랑

주님은 주님 자신에게 우리 자신을 헌신하라고
당부하셨다. 자신에 대한 권리를 주님께
매일 양도하며 살아가는 삶이 자기 십자가를 지고
주님을 따르는 삶이다.

이 없으면 내게 아무 유익이 없느니라"고 했다고전 13:3.

그렇다면 내가 져야 할 십자가는 무엇인가? 우리의 십자가는 예수님의 제자로서 예수님과 관계를 맺었기 때문에 특별히 지는 십자가를 말한다. 그렇다면 그 십자가란 우리가 자신에 대한 권리를 포기함으로써 오는 모든 고통을 의미하게 된다. 다르게 표현하면, 우리가 우리 자신에 대한 권리를 완전하게 예수 그리스도께 드림으로 나타나는 모든 결과가 곧 우리가 우리 자신의 십자가를 지는 것이라고 할 수 있다.

우리가 매일 지는 십자가의 특성은 우리가 그리스도와 함께 못 박혔다는 사실이다. 갈라디아서 2장 20절은 우리의 옛사람이 그리스도와 함께 십자가에 못 박혔다는 것만을 의미하지 않는다. 이는 매일 우리 자신을 그리스도를 위해 희생제물로 드리는 영광스러운 자유를 의미한다. 희생이 무엇인가? 희생이란 내가 가진 최고의 것을 하나님께 다시 드리는 것을 말한다. 그러면 하나님께서는 그 희생을 받으신 후에 영원토록 주님과 나의 영원한 소유로 만드신다.

그러나 먼저 발생해야 하는 일이 있다. 구원과 성화는 우리의 잘못된 성향을 제거하는 것만이 아니다. 그것은 우리의 정체를 근본적으로 바꾸어낸다. 바울의 삶의 목적은 더 이상 자아 실현이 아니었다. 단지 그리스도와 일체되는 것이었다. 더 이상 내가 사는 것이 아니라 그리스도께서 내 안에서 사신다. 그리스도인이 되는 것은 훈련으로 될 수 없다. 성도가 되는 것도 훈련으로 되는 것이 아니다. 나아가 하나님의 뜻에 굴복하는 것도 스스로 할 수 없다. 우리는 먼저 하나님의 뜻에 따라 가루처럼 부서져야 한다. 무엇보다 먼저 그동안 우리 안에 군림하였던 독재자와의 관계를 끊어야 한다.

우리는 올바르며 종교적일 수 있다. 기독교 사역자일 수 있으며 하나님께 크게 쓰임받을 수도 있다. 그러나 자아 실현이라는 기반이 그리스도의 십자가 앞에서 폭발되지 않고서는 우리의 남은 미래는 파선 밖에 없다. 우리는 예수 그리스도의 십자가를 통해 하나님의 나라에 들어간다. 그러나 자아 실현으로는 하나님의 나라에 들어갈 수 없다. 자아 실현은 반드시 하나님 나라 밖에 던져 버려진다. 따라서 우리는 자아 실현의 마음을 부수어야 한다. 그 지점에 이르러야만 예수 그리스도의 죽음과 초자연적으로 일치되는 실제 사건이 발생한다. 그리고 성령의 증거가 확실하게 나타난다.

예수 그리스도는 죄로 인해 신음하며 고통당하는 한 영혼을 취하셔서 주님의 속죄의 그 무한하고 순수한 능력으로 그를 다시 새롭게 지으실 수 있다. 그리고 그를 하나님의 보좌 앞에서 아무런 흠이 없는 사람으로 다시 세우실 수 있다.

방향

우리는 스스로 어디에서 주를 섬기겠다고 주님께 단언해서는 안 된다. 최근에 우리의 재능을 하나님께 따로 드려야 한다는 이론이 널리 퍼지고 있다. 그러나 우리는 그렇게 할 수 없다. 그 재능은 우리의 것이 아니기 때문에 따로 구별하여 드릴 수 있는 것이 아니다. 우리가 지닌 모든 재능은 우리에게 주어진 것이다. 예수 그리스도께서는 나의 재능을 따로 받으셔서 그것을 사용하지 않으신다. 주님은 내 모든 존재를 받기를 원하신다. 그 후 주께서는 나의 눈을 열어주셔서 내 안에서 주께서 친히 주의 영광을 위해 일하고 계시다는 사실을 보게 하신다. 그 후로 제자의 삶에는 단 한 가지의 주도적인 방향만 남게 된다. 그것은 예수님만 바라보는 것이다.

삶의 방향을 예수님께 맞추면, 어떤 원칙이나 다른 명목으로 헌신하지 않고 오직 말로 표현할 수 없을 정도로 흘러넘치는 예수님의 사랑에 사로잡혀서 예수 그리스도만을 사랑하게 된다.

> 주님은 내 모든 존재를 받기를 원하신다.
> 그 후 주께서는 나의 눈을 열어주셔서
> 내 안에서 주께서 친히 주의 영광을 위해
> 일하고 계시다는 사실을 보게 하신다.

내가 보는 것은 오직 예수님, 예수님만 영원히,

모든 것 중에 예수님만 보네.

하나님께서는 내게 대답할 기회를 주셨다네.

나는 영원한 선택을 하였네.

나의 주 그리스도와 함께 걷기로.

내가 주님의 말씀을 의지하는 한

그 무엇도 내 영혼을 주님으로부터 떼어낼 수 없다네.

나는 외로운 길을 택하였지만

그 길이 거칠고 험난하더라도

무시받고 버려진다 할지라도

주님, 나는 주님과만 인생을 함께하려네.

: 다섯 번째 장 :

그리스도인은 옛사람이 아닌 그리스도를 선택한다

우리가 하늘로부터 거듭날 때 우리 안에 임하시는
성령에 의해 발견되는 우리 안의 **죄의 성향**이 바로 옛사람이다.
당신은 우리의 옛사람이 예수님의 죽으심과 함께
못 박혀야 한다는 하나님의 판결에 동의하는가?

하나님인가 죄인가?

"그러나 내게는 우리 주 예수 그리스도의 십자가 외에 결코 자랑할 것이 없으니 그리스도로 말미암아 세상이 나를 대하여 십자가에 못 박히고 내가 또한 세상을 대하여 그러하니라"갈 6:14.

하나님이 내 안에 계시려면 죄가 내 안에서 제거되어야 한다. 성경의 진리 중에 우리가 잊기 쉬운 가장 초보적인 요소는, 하나님의 복음은 다른 것이 아닌 죄인을 위해 있다는 점이다. 체험적 입장에서 교회 역사를 좇아가보면 중요한 점을 하나 발견하게 된다. 그것은 존 웨슬리와 같이 하나님의 능력으로 죄인을 구원한다는 복음을 선포하면 즉각적으로 경건 운동의 물결이 일어나면서 복음을 가렸다는 점이다. 이 운동들은 개인적인 헌신을 강요하든지 아니면 종교적인 감상을 부추김으로 복음을 가린다. 존 웨슬리의 복음 선포 후에 거센 항의가 발생했는데, 그 항의 내용은 웨슬리의 가르침이 너무 은혜에 쏠려 있다는 것이었다. 특히 은혜만으로 완벽한 삶을 살 수 있다는 은혜의 둘째 역사에 관한 것이 선포되었을 때 강한 항의와 더불어 급격히 일어난 운동이 있었다. 그 운동은 그리스도의 은혜에 뿌리를 내리지 않고 자신의 의지만으로 거룩하게 살아보겠다는 '감상적인 고품격 삶'의 물결이었다.

그리스도인가 바라바인가?

"그들이 예수를 십자가에 못 박은 후에"마 27:35.

당신은 그리스도와 바라바, 둘 중 한 명을 선택해야 한다. 한동안 우리는 죄를 멀리하지 않으면서도 하나님께서 우리 아버지라는 사실을 즐거워한다. 그러나 만일 이렇게 되는 이유가 하나님께서 나를 사랑하시니 나를 용서하실 것이라는 믿음 때문이라면, 이때 우리는 주님의 속죄를 아주 대실패작으로 만드는 것이며 갈보리 십자가를 크게 모독하는 것이다.

바라바가 대표하는 것이 무엇인가? 그는 예수 그리스도에 대한 편의 대용품이었다. 우리가 원하는 것에 대해 덜 과격하게 반대하며 옳은 것을 덜 강요하는 것이 바라바이다. 당신의 삶 속에서 '바라바'는 무엇인가? 당신은 누구를 십자가에 못 박으라고 외치겠는가? 역사 속에서는 하나님에 뜻에 의해 그리스도가 못 박히게 되었다. 그러나 지금 선택은 당신 앞에 있다. 당신이 형통할 때 어떻게 하겠는가? 그리스도와 바라바에 의해 한쪽으로 영향을 받지 않을 때, 또한 당신은 여러 가지로 형통할 때 누구를 십자가에 못 박겠는가? 물론 대부분의 사람들은 관심이 없을 것이다. 그러나 하나님의 섭리는 갑자기 당신을 그리스도 또는 바라바를 선택할 수밖에 없는 상황에 처하게 하신다.

그리스도인가 옛사람인가?

"우리가 알거니와 우리의 옛사람이 예수와 함께 십자가에 못 박힌

> 바라바가 대표하는 것이 무엇인가?
> 그는 예수 그리스도에 대한 편의 대용품이었다.
> 우리가 원하는 것에 대해 덜 과격하게 반대하며
> 옳은 것을 덜 강요하는 것이 바라바이다.

것은 죄의 몸이 죽어 다시는 우리가 죄에게 종노릇 하지 아니하려 함이니"롬 6:6.

무엇이 우리의 '옛사람'인가? 우리가 하늘로부터 거듭날 때 우리 안에 임하시는 성령에 의해 발견되는 우리 안의 죄의 성향이 바로 옛사람이다. 하나님의 중생케 하시는 은혜가 우리 안에서 역사할 때 가장 먼저 나타나는 그리스도인의 체험은 이 죄성을 분별하기 시작하는 것이다. 그 후 우리가 분명하게 해결해야 하는 관건은 이 옛 성향을 십자가에 못 박든지 아니면 그리스도의 영을 못 박든지 하는 것이다. 이 둘은 함께 거할 수 없다. 바울은 승리의 확신을 가지고 말했다.

이는 하나님께서 사도 바울이 승리하기를 원하는 하나님의 기대를 말한 것이 아니라, 이미 바울에게 발생한 매우 과격하고 분명한 체험을 진술해놓은 것이다. 하나님의 중생케 하시는 은혜를 경험한 당신은 예수 그리스도와 평생 동행할 준비가 되어 있는가?

우리는 성령께서 우리의 마음을 살피시도록 하여 죄성이 무엇인지 알아야 한다. 그 죄성은 지금까지 자기 멋대로 모든 것을 주관하고 역사해왔던 힘으로 하나님의 영의 소욕을 거스르는 정욕을 말한다. 당신은 우리의 옛사람이 예수님의 죽으심과 함께 못 박혀야 한다는 하나님의 판결에 동의하는가? 그렇다면 하나님께 감사하라. 당신이 동의할 때 당신의 죄성은 그리스도의 몸이 십자가에 못 박히신 것처럼 당신 안에서 죽은 것처럼 될 것이다. 그러나 주의해야 할 것은,

당신이 하나님의 뜻에 따라 과감하게 당신의 의지를 항복하지 않는다면 당신은 당신 자신을 죄에 죽은 것으로 간주할 수 없게 된다는 사실이다. 당신은 의지적으로 기꺼이 예수 그리스도의 죽음과 일치가 됨으로써 조금도 헷갈림이 없이 당신의 옛사람이 그리스도와 함께 못 박혔다는 사실을 알게 된다.

그리스도인가 종교적인 나인가?

"내가 그리스도와 함께 십자가에 못 박혔나니 그런즉 이제는 내가 사는 것이 아니요 오직 내 안에 그리스도께서 사시는 것이라"갈 2:20.

그리스도인가 아니면 나인가? 여기서 '나'는 종교적인 '나' 또는 영적으로 교만한 '나'를 의미한다. 종교적인 나는 현대인의 눈으로 볼 때 대단한 것처럼 보인다. 그러나 복음의 빛에서 보면 회칠한 무덤일 뿐이다. 우리는 세상과 육체와 마귀가 제멋대로 주관했던 우리의 몸과 피에 오직 그리스도의 살과 피만 남을 때까지 그리스도와 함께 십자가 못 박히는 이 영광스럽고 말로 다 표현할 수 없는 특권을 배워가야 할 것이다.

그리스도인가 세상인가?

"그리스도로 말미암아 세상이 나를 대하여 십자가에 못 박히고 내가 또한 세상을 대하여 그러하니라" 갈 6:14.

세상이란 무엇인가? 종교적이든 그렇지 않든 주 예수 그리스도와 일치되지 않은 야망을 가진 인간들의 삶의 방식이 세상이다. 바울은 "내가 세상에 대하여 못 박혔고 세상은 나에 대하여 못 박혔다"라고 말한다. 세상이 아무리 그 자체의 매력과 힘을 가지고 우리에게 찾아온다고 할지라도, 우리가 만일 죄와 세상에 대한 하나님의 판결에 동의한다면 우리는 세상을 향해 죽었다는 사실을 발견하게 될 것이다.

지금 위의 구절은 성경에 진술된 내용일 뿐만 아니라 우리의 삶 속에서 실제로 분명하게 체험되는 내용이다. 곧 당신의 삶 가운데 이 문제는 언제나 당신 앞에 놓일 것이다. 바라바 또는 그리스도 중 하

> 세상이 아무리 그 자체의 매력과 힘을 가지고 우리에게 찾아온다고 할지라도, 우리가 만일 죄와 세상에 대한 하나님의 판결에 동의한다면 우리는 세상을 향해 죽었다는 사실을 발견하게 될 것이다.

나를 선택해야 하는 것처럼 당신은 더 이상 따져볼 필요도 없이 세상과 그리스도 사이에서 결정해야 한다. 당신에게 간절히 부탁한다. 세상을 버리고 그리스도를 택하라! 그리스도를 택하고 당신의 '바라바'를 십자가에 못 박으라!

만일 당신이 위로부터 거듭났으며 당신 안에 있는 하나님의 영이 옛사람, 곧 죄의 성향을 찾아내시면 그때부터는 당신의 뜻을 주님의 뜻에 일치시키는 문제가 남게 된다. 당신의 옛사람이 그리스도와 함께 죽었다는 것을 알 때까지 당신이 그리스도의 죽음과 일치되기를 원한다고 아뢰라. 만일 이 의지의 문제를 통과했다면 그리스도를 위해, 그리스도만을 위해 뚜렷하게 서라. 그래서 "내가 그리스도와 함께 십자가에 못 박혔다"는 사실이 감상이 아니라 매일의 삶 속에서 말과 행위를 통해 체험되는 사실이 되게 하라. 즉, 하나님 안에 그리스도와 함께 감추어진 생명이 우리 안에서 이 세상 가운데 살아가는 것이다.

여섯 번째 장 : 그리스도인은 전인격적인 믿음을 소유한다

예수님을 믿는다는 것은
주 예수 그리스도께서 가지신 하나님에 대한 관점,
사람에 대한 관점, 죄와 사탄과 성경에 대한 관점을
정신적, 도덕적으로 따르기로 작정하였다는 것이다.

"하나님을 믿으니 또 나를 믿으라"요 14:1.

과거의 복음적인 용어였던 '신자'라는 단어는 이제 더 이상 사용되지 않고 있다. 아마도 사람들은 더 나은 용어가 있다고 생각하는 것 같다. 그러나 더 나은 용어가 있을 수 없다. '예수 그리스도를 믿는 신자'라는 표현은 기독교를 의미한다. 용어의 역사는 아주 흥미롭지만 지금 성령의 도우심에 의해 우리가 주목하는 것은 '예수 그리스도를 믿는 신자'의 용어가 담고 있는 생생한 체험적 의미이다.

예수님을 믿는다는 것은 어떠한 형태로든 구원의 체험 이상을 의미한다. 예수님을 믿는다는 것은 주 예수 그리스도께서 가지신 하나님에 대한 관점, 사람에 대한 관점, 죄와 사탄과 성경에 대한 관점을 정신적, 도덕적으로 따르기로 작정하는 것이다.

믿음과 성경

"이 성경이 곧 내게 대하여 증언하는 것이니라 … 모세를 믿었더라면 또 나를 믿었으리니 이는 그가 내게 대하여 기록하였음이라" 요 5:39,46.

오늘날 많은 그리스도인들이 성경과 관련해 얼마나 주제넘게 행동하는지 모른다. 그들은, 예수님을 믿는다는 것은 곧 예수님이 성경에 대해 가지셨던 관점을 따라야 한다는 사실을 잊은 것 같다. 예수님은 주님 자신이 성경의 맥락이라고 말씀하셨다.

우리는 성경에 대한 '핵심 단어들'을 많이 들어왔다. 그러나 신자에게 있어서 성경의 핵심 단어는 오직 하나, 바로 우리 주 예수 그리스도이시다. 성경에 대항하는 모든 지적 교만은 인간들이 예수님에 대해 불신하고 있다는 가장 분명한 증거이다. 오늘날 예수님께서 구약을 믿으신 것처럼 그렇게 믿고 있는 교사들은 얼마나 될까?

많은 사람들이 우리 주님의 위격에 대해 편협한 생각을 가지고 있으며 지적으로 오만 불손한 가운데 주님의 한계를 논하고 있다. 심지어 자신들의 독선에 빠져서 "악령에게 사로잡히는 일이나 지옥이나 마귀 같은 것이 있을 수 없습니다. 그런 것은 절대로 없습니다"라고 주장하기도 한다. '예수님을 믿는다'는 것은 주께서 자신의 지성을 하나님 아버지께 순복하신 것처럼 우리도 우리의 지성을 주님께 순복해야 함을 의미한다. 이것은 우리의 이성의 능력을 발휘하지 말라는 뜻이 아니다. 오히려 이성의 능력을 발휘하되 성육신하신 그 이성에게 순복한 상태에서 발휘하라는 뜻이다. 우리 주 예수 그리스도의 맥락이 아닌 다른 맥락을 취하는 성경 해석을 주의하라.

믿음과 구세주

"네가 인자를 믿느냐"요 9:35.

오늘날 수없이 많은 아주 간교한 작가들과 설교자들이 마침내 적그리스도로 판명될 것이라는 사실은 참으로 우리에게 경종을 울린다. 이들은 거듭나지 않은 인간들이 심리학적으로 예수님의 인격위격에 대해 연구하여 발견한 요소들을 근거로 글을 써서 책을 펴낸다.

> '예수님을 믿는다'는 것은 주께서 자신의 지성을 하나님 아버지께 순복하신 것처럼 우리도 우리의 지성을 주님께 순복해야 함을 의미한다.

그러한 가운데 성경에서 계시된 예수 그리스도의 인격을 놀라울 정도로 효과 있게 희석시킨다. 요한은 바로 이러한 영이 적그리스도의 영이라고 강조했다.

> "이로써 너희가 하나님의 영을 알지니 곧 예수 그리스도께서 육체로 오신 것을 시인하는 영마다 하나님께 속한 것이요 예수를 시인하지 아니하는 영마다 하나님께 속한 것이 아니니 이것이 곧 적그리스도의 영이니라" 요일 4:2-3.

주님께서 자신에 대해 가지셨던 자아 의식에 우리 자신을 헌신하여 믿을 때만 우리는 주님을 하나님께서 마지막으로 주신 무한하신 말씀으로 받아들이게 된다. 이 의미는 하나님께서 여전히 말씀하신다는 것을 의미하는 것이 아니라 하나님께서 친히 "이는 나의 아들 곧 택함을 받는 자니 너희는 저의 말을 들으라"고 하신 것처럼, 주님은 하나님께서 하신 마지막 말씀이라는 뜻이다. 그러므로 우리는 예수 그리스도의 말씀을 들어야 한다.

예수 그리스도를 믿는 신자가 된다는 뜻은 예수님께서 제자 도마에게 말씀하신 것이 사실임을 깨닫는 것이다.

> "내가 곧 길이요 진리요 생명이니" 요 14:6.

이 길은 우리가 여행을 하면서 뒤에 남기는 길이 아니라 길 자체를 말한다. 믿음으로 우리는 평강의 안식에 들어가며 거룩과 영생에 들어간다. 언제나 주 안에 거하도록 하자.

믿음과 성령

> "그가 와서 죄에 대하여, 의에 대하여, 심판에 대하여 세상을 책망하시리라. 죄에 대하여라 함은 그들이 나를 믿지 아니함이요" 요 16:8-9.

죄는 신조나 조직이나 사회에 의해 판결되는 것이 아니라 '예수님의 인격'에 의해 판결된다. 복음은 뭔가를 증명하기 위해 쓰여진 것이 아니라 우리 주 예수 그리스도의 죽음과 부활을 수단으로 이미 그리스도인들이 된 사람들의 믿음을 확증하기 위해 기록되었다. 따라서 복음은 신학적인 의미를 가지게 된다. 성령께서 한 영혼을 중생시키고 영적인 세례를 베푸시는 이유는 오직 한 가지 목적, 바로 예수님을 영화롭게 하기 위한 것이다 20:22 ; 눅 11:13 ; 행 1:8. 가장 위대하고 영광스러운 사실은 이것이다. 즉, 예수 그리스도를 믿는다는 것이 곧 하나님을 영접하는 것이다. 그리고 하나님을 영접하는 것은 신자에게 있어서 '영생'을 얻는 것과 같다. 곧 영생이란 하나님으로부터 받는 선물이 아니라 영생이신 하나님을 받는 것이다. 다시 말하자면, 하나님 자신이 영생이시다요 6:47 ; 17:2-3 ; 롬 6:23.

섬김의 믿음

"나를 믿는 자는 성경에 이름과 같이 그 배에서 생수의 강이 흘러 나오리라"요 7:38.

오늘날 우리는 하나님과 우리의 동료들을 얼마나 섬기기를 원하는가! 주님께서는 우리가 언제나 근원에 신경을 써야 한다고 말씀하신다. 예수님을 믿으라. 그러면 나머지는 예수님께서 돌보신다. 주님께서는 "그 배에서 생수의 강이 흘러나올 것"을 약속하셨다. 이때 우리는 강의 흐름을 보려고 해서는 안 된다. 성공적인 사역으로 기뻐해서도 안 된다.

"그러나 귀신들이 너희에게 항복하는 것으로 기뻐하지 말고 너희 이름이 하늘에 기록된 것으로 기뻐하라"눅 10:20.

우리는 근원, 즉 예수님을 믿는 것에 신경을 써야 한다. 그리고 예수님을 믿는 신자들은 그 유명하고 영원한 사명인 "그러므로 너희는

가서 모든 족속으로 제자를 삼으라"고 하신 주님의 분부에 따라 제자들을 만들어야 한다. 당신은 그 일을 하고 있는가?

그 위대한 오순절에 예수님이 제자들에게 주신, "내 증인이 될 것이요"라는 사명은 신자라면 결코 잊어서는 안 되는 사명이다. 우리는 예수님께서 얼마나 많은 일을 하실 수 있는지를 증거하는 것이 아니라 주님에 대한 증인이 되어야 한다. 바로 이것이 우리 주님의 기쁨이며 주의 성도들을 통해 주께서 영광 받으시는 방법이다.

그리스도인의 봉사가 사회봉사와 다르기를 주님께 기도드린다. 그리스도인의 봉사는 단순히 낙망한 자를 위로하고 상처받은 심령을 치유하며 사람들의 눈물을 닦아주는 것이 아니다. 그것은 예수님을 믿는 신자의 생생한 삶 가운데서 무의식적으로 나타나는 결과들이어야 한다. 그렇지 않으면 봉사라는 명목 하에 주님으로부터 멀어질 수 있다. 우리는 바울의 경고를 언제나 마음속에 새겨둘 필요가 있다.

> "뱀이 그 간계로 하와를 미혹한 것같이 너희 마음이 그리스도를 향하는 진실함과 깨끗함에서 떠나 부패할까 두려워하노라"고후 11:3.

오순절은 인간들을 영화롭게 하기 위해 사람들에게 초능력을 나누어주기 시작한 날이 아니라 예수 그리스도를 향한 사랑의 노예들을 만들기 시작한 날이다. 기독교 교회는 전문가들이 모인 특수 집단

> 성경에 의하면 믿음은 지적인 확신에서 시작해서
> 우리의 전인격적인 자아 항복을 통해 우리로 하여금
> 주 예수 그리스도와 하나가 되게 한다.

이 아니라 예수님을 공적으로 믿는 신자들의 모임이다. 옳은 존재가 될 수 있는 유일한 길은 예수님을 믿는 신자가 되는 것이다.

성경에 의하면 믿음은 지적인 확신에서 시작해서 우리의 전인격적인 자아 항복을 통해 우리로 하여금 주 예수 그리스도와 하나가 되게 한다.

지적인 영접

> "영접하는 자 곧 그 이름을 믿는 자들에게는 하나님의 자녀가 되는 권세를 주셨으니"요 1:12.

주 예수 그리스도는 당신의 지적인 세계에서 어떤 자리를 차지하고 계신가? 만일 당신이 주 예수 그리스도를 가장 높고 유일한 권위로 받아들이지 않는다면 당신은 성경의 설명을 깨달을 수 없다. 그 이유는 성경의 유일한 해석자이신 성령께서 당신에게 역사하지 않으시기 때문이다. 성령께서는 주 예수 그리스도를 최고의 권위로 인정하는 사람들에게 역사하신다. 그 후 그들의 삶과 생각과 모든 관점에 영향을 끼치신다. 요한복음 1장 12절은 예수 그리스도와 관계를 맺은 한 개인의 모든 삶을 대표하고 있다.

당신은 예수 그리스도를 당신의 머리뿐 아니라 마음으로도 영접하였는가? 예수 그리스도는 사람과 관련한 모든 일에 있어서 최고의 권위로 받아들여지고 실현되어야 한다. 당신의 신앙 체험이 뜨겁든 그렇지 않든 상관없이 당신은 당신의 지식에 있어서 누구를 최고의 권위로 삼는가? 예수 그리스도인가, 당신 자신인가? 전문가인가? 과학인가? 이 땅에서 살았던 가장 멋지고 거룩한 존재는 누구라고 생각하는가? 예수님이신가, 아니면 '성자'라고 불리는 사람들인가? 당신이 예수님을 당신의 모든 분야에서 최종 권위로 삼을 때, 당신은 하나님의 자녀가 되는 권세를 갖게 된다.

만일 지적인 세계에서 예수 그리스도를 최고의 권위로 인정하면 그 다음 단계는 쉽다. 그 이유는 필연적으로 주님께서 말씀하신 것을 받아들이게 되기 때문이다.

> "너희가 악할지라도 좋은 것을 자식에게 줄 줄 알거든 하물며 너희 하늘 아버지께서 구하는 자에게 성령을 주시지 않겠느냐 하시니라" 눅 11:13.

주님의 말씀이 이러하니 그대로 받아들이게 되고, 따라서 성령을 구하여 받게 된다.

당신은 예수 그리스도의 권위에 의지적인 순복을 하는가? 이제 하나님의 자녀가 되는 특권은 나에게 의지적인 문제가 된다. 그 이유는 성령께서 나에게 예수 그리스도의 속죄를 나 자신의 삶에 어떻게 적용하는지를 가르치실 것이기 때문이다. 성령께서는 우리의 성화의 모든 과정에서 어떻게 순종을 통해 예수 그리스도의 생명과 하나가 되는지를 알려주신다.

의지적 영접

어떤 사람들에게는 지적인 문제보다 실질적인 문제가 더 시급한 경우가 있다. 이들을 괴롭히는 것은 지적인 갈등이 아니라 인격적인 문제이다. 즉, 죄책감 및 잘못된 성격으로 야기되는 여러 난처한 일들이다. 당신이 지금 그러한 상태에 있는가? 그렇다면 지금 당장 주 예수 그리스도를 길과 진리와 생명으로 영접하라. 만일 당신의 마음의 눈에 예수 그리스도가 선명하게 보이기 시작하면 다른 모든 문제들은 간단해진다. 하나님은 예수님을 영접하는 모든 자들에게 하나님의 아들이 되는 권세를 주신다.

주님을 모든 분야에서 최고의 권위로 영접하라. 주님을 구세주로 영접하라. 주님이 말씀하신 모든 것을 내 마음 깊이 믿으라. 분명한 확신을 가지고 주만 바라보라. 예수님의 말씀에 따라 하나님께서 성령을 보내실 것을 구하라. 그리고 믿음으로 성령을 영접하라.

믿음이란 마음속 깊이 예수님을 믿는 것이다. 믿음은 지적인 부분뿐 아니라 나 자신을 하나님께 드리는 의지적 행위이다. 우리 중 몇 명이나 성령을 받았는가? 우리 중 몇 명이나 성령을 의지하는 가운데 자신의 영혼과 몸이 하나님과 조화를 이루도록 하고 있는가? 성령께서는 죄에 대해 책망하시며 동시에 예수 그리스도를 드러내신다. 성령은 전능하신 능력 가운데 "하나님께로서 난 자들"을 거듭나게 하시며 친히 인도하신다. 그러나 이 모든 성령의 사역을 위해 단 한 가지 조건이 필요하다. 바로 주 예수 그리스도께 전인격적으로 순복하는 것이다.

대부분의 사람들은 자신들이 주님께 전인격적으로 순복해야 하는 이 지점에서 포기한다. 감상적으로는 믿지만 아무 일도 발생하지

> 믿음이란 마음속 깊이 예수님을 믿는 것이다.
> 믿음은 지적인 부분뿐 아니라 나 자신을
> 하나님께 드리는 의지적 행위이다.

않는다. "주님, 믿음을 더해주소서"라고 기도하며 믿음을 강하게 하려고 하지만 그렇게 되지 않는다. 무엇이 잘못된 것일까? 전인격적인 순복이 되어 있지 않기 때문이다. 진심으로 마음과 뜻과 정성을 다해 예수 그리스도께서 말씀하신 모든 것에 그들의 모든 확신을 걸지 않은 것이다.

신비적 영접

지적인 확신에서 시작하여 전인격적으로 순복하게 되면 우리는 예수님의 기쁨과 생명에 일치하게 된다. 위대한 한 학자는 "의식 있는 생명이 존재하는 증거와 그러한 생명의 목표는 기쁨이다"라고 말했다. 기쁨은 쾌락도 아니고 행복도 아니다. 예수 그리스도께서는 제자들에게 "내 기쁨이 너희 안에 있어 너희 기쁨을 충만하게 하려 함이니라"고 말씀하셨다요 15:11. 이는 우리가 예수 그리스도와 일치될 때 주님의 기쁨에도 일치됨을 알려주는 것이다.

주 예수 그리스도의 기쁨이 무엇이었는가? 그분의 기쁨은 아버지께서 그에게 맡기신 사역을 완전하게 마치시는 데 있었다. 동일한 기쁨이 성령으로 거듭난 자들에게 임하게 된다. 즉, 하나님께서 그들에게 맡기신 사명을 다할 때 그들에게도 동일한 기쁨이 허락되는 것이다. 그렇다면 우리의 사명은 무엇인가? 성도다운 것이다. 성도답게 말하고 행하고 사는 것이다. 이는 전능하신 하나님께서 주 예수 그리스도의 속죄를 통해 우리를 주님의 살아 있는 편지가 되게 하시는 것이다. 예수님의 믿음과 일치된 믿음을 가지고 예수님의 사랑과 일치된 사랑을 가지라. 그때 우리는 예수님의 영과 너무나 깊게 일치가 되면서 주께서 대제사장으로서 드린 주님의 기도요한복음 17장가 우리에게 응답되며 분명하게 실현될 것이다.

"우리가 하나가 된 것같이 저희도 하나가 되게 하소서."

하나님께서는 우리의 지적, 의지적, 영적인 순복에 의해 예수 그리스도의 속죄를 통해 놀라우신 성령을 우리에게 선물로 주심으로, 우리를 주 예수 그리스도와 하나가 되게 하신다. 그래서 바울이 말한 것처럼, 예수님께서 다시 오실 때 주께서는 "모든 믿는 자에게서 기이히 여김을 얻으시게" 될 것이다살후 1:10.

일곱 번째 장 :

그리스도인은 기쁨으로 위대한 삶을 살아간다

믿음이란 자신에게 소중한 모든 것을 걸고
예수 그리스도를 믿는 것을 말한다.
위대한 삶은 예수 그리스도가 사기꾼이 아님을 믿는 것이다.
기독교의 믿음이란 성육신하신 하나님,
예수 그리스도께 드리는 인격적이며 열정적인 헌신을 뜻한다.

"모든 것을 참으며 모든 것을 믿으며 모든 것을 바라며 모든 것을 견디느니라"고전 13:7.

신자가 되는 것은 대단히 위대한 사건이지만 '신자가 된다'는 것에 대한 성경적인 의미에 대해 많은 오해가 있다. 신자가 된다는 것은 예수님의 능력을 믿는 것이 아니며 구원의 계획을 믿는 것도 아니다. 신자가 된다는 것은 "주님을 믿는 것"이다. 어떤 상황에서도 주님은 옳다는 사실을 붙드는 것이다. 만일 우리가 "나는 주님께서 모든 것을 정상적으로 해놓으실 것을 믿습니다"라고 하면 우리는 뭔가 잘못되는 것을 볼 때 믿음을 잃게 된다. 이는 순서가 뒤바뀐 것으로서 주님을 믿기보다 '주님에 대해' 믿는 것이다. 이러한 경우 상황에 따라 믿음을 잃게 된다.

종종 그리스도인이 되려면 그전에 어떤 신조를 믿어야 한다고 말하는 경우들이 있다. 이는 마차를 말 앞에 두면서 끌라고 하는 것과 같다. 그 이유는 어떤 신조를 믿게 되는 것은 그리스도인이 된 이후에 나타나는 결과이지 원인이 아니기 때문이다. 주님께서 '믿으라'고 말씀하실 때는 지적인 활동이 아니라 전인격적인 활동을 언급하시는 것이다. 그러므로 주님께 있어서 '믿는다'는 것은 헌신을 의미한다. 곧 "네 자신을 내게 맡기라"는 것이다. 따라서 믿음이란 자신에게 소중한 모든 것을 걸고 예수 그리스도를 믿는 것을 말한다.

위대한 삶은 예수 그리스도가 사기꾼이 아님을 믿는 것이다. 사람이 가진 가장 큰 두려움은 그의 영웅이 실패할지도 모른다는 두려움이다. 그의 영웅이 자신에게 만족스러울 정도로 설명을 해주지 못할 때 두렵게 된다. 예를 들어 왜 전쟁과 질병이 있어야만 하는지 자신의 영웅에게 가서 해답을 얻기를 원한다. 따라서 삶의 문제가 찾아오면 사람은 그 문제 앞에서 자신이 정말로 예수 그리스도께 확신이 있는지 알 수 없게 된다.

신자의 자세는 분명히 "모든 것이 어둡더라도 나는 주님을 믿습니다. 모든 것이 설명될 때 나는 내 믿음이 신원될 것을 확신합니다. 마침내 하나님은 사랑과 공의의 하나님으로 드러나실 것입니다"여야 한다. 이는 우리 신자들의 삶이 어려움 없는 인생이 될 것이라는 뜻이 아니라 오히려 그 어떠한 어려움도 주를 향한 믿음을 흔들 수 없다는 뜻이다.

"주님, 저는 이 상황을 이해할 수 없습니다. 그러나 저는 언젠가

이 모든 것이 설명될 날이 올 것을 확신합니다. 그때까지 저는 주님 편에만 설 것입니다."

우리의 믿음은 결코 거짓말을 하지 않으시며 결코 잘못된 견해를 갖고 계시지 않는 그분께 있다. 기독교의 믿음이란 성육신하신 하나님, 예수 그리스도께 드리는 인격적이며 열정적인 헌신을 뜻한다.

위대한 삶의 기원

"예수께서 대답하여 이르시되 하나님께서 보내신 이를 믿는 것이 하나님의 일이니라 하시니"요 6:29.

위대한 삶은 우리가 믿을 때 시작된다. 그런데 믿음은 노력한다고 되는 것이 아니다. 만일 우리 마음속 깊은 곳에서 예수님을 믿고 있

위대한 삶은 우리가 믿을 때 시작된다.

다면, 즉 "주님은 어찌하든 맞다"고 받아들인다면, 이는 우리 깊은 영혼 속에서 하나님께서 역사하신다는 증거이다.

> "아브라함이 하나님을 믿으매" 갈 3:6.
>
> "그가 나를 죽이시더라도 나는 여전히 주를 신뢰하리라" 욥 13:15.
>
> KJV 번역 "Though He slay me, yet will I trust in Him." 개역 성경은 "그가 나를 죽이시리니 내가 희망이 없노라"로 되어 있다.—역주.

영적인 삶이 파산되고 죄악을 범하게 되는 때는 우리가 예수 그리스도를 믿지 않을 때이다. 만일 우리가 주님께서 내 안에 이루신 일을 믿는다면 우리는 곧 실망하게 될 것이다. 그 이유는 우리 삶 가운데 닥쳐오는 어두운 상황들은 예수 그리스도께서 이루어놓으신 일들을 가릴 것이기 때문이다. 그러나 만일 우리가 예수님을 믿는다면 상황들이 아무리 어둡더라도 우리는 그 어둠 가운데 무너지지 않고 주님과 함께 어려움을 통과하게 된다. 그리고 위기가 지난 후 우리 영혼은 주를 향해 더 강한 믿음을 갖게 된다.

우리의 삶에서 가장 중요한 것은 우리를 주관하는 성향이다. 하나님께서 우리 안에서 주의 역사를 시작하실 때 주님은 우리의 외적인 삶을 변화시키는 것이 아니라 우리의 마음 중심을 움직이신다. 곧 우리 자신이나 주변 사람을 의지하는 대신에 하나님을 의지하게 만드신다. 그러면 완벽한 평강이 임하게 된다. 우리는 신뢰라는 것이 우리의 마음에 어떤 영향을 끼치는지 잘 알고 있다. 서로 신뢰하는 한, 마음이 무너질 가능성이 없어지는 것이다. 위대한 삶은 무엇을 위해 주님을 믿는 것이 아니라 아무리 어려운 상황 가운데서도, 또한 나의 성향에 문제가 많다는 것을 알면서도, 우리의 모든 것을 예수 그리스도의 영광에 거는 것이다. 만일 우리가 구원의 체험에만 믿음을 가진다면 우리는 낙심하게 될 것이고 병적인 사람이 될 것이다. 그러나 예수 그리스도의 신자가 되면 아무도 억누를 수 없는 믿음과 함께 그 누구도 빼앗아갈 수 없는 기쁨을 얻게 된다.

위대한 삶의 성장

"너희는 마음에 근심하지 말라 하나님을 믿으니 또 나를 믿으라" 요 14:1.

> 위대한 삶은 무엇을 위해 주님을 믿는 것이 아니라 아무리 어려운 상황 가운데서도, 또한 나의 성향에 문제가 많다는 것을 알면서도, 우리의 모든 것을 예수 그리스도의 영광에 거는 것이다.

이 구절에서 예수 그리스도는 아무도 모르고 오직 주님만 아시는 바를 말씀하신다. 곧 죽음 이후의 삶에 관한 것이다.

우리의 모든 관점이 예수 그리스도의 관점으로 바뀔 때 위대한 삶은 놀랍게 성장한다. 어떤 문제에서 당신의 의견을 최종적으로 결정하기 전에 주께서 그 문제에 대해 어떻게 말씀하시는지를 확인하라. 예를 들어 하나님, 생명, 죽음 등에 관한 문제 말이다. 사람들은 예수 그리스도를 빼고 천국과 지옥, 생명과 죽음을 논한다. 그러나 주님께서 말씀하신다.

"네가 네 마음을 마지막으로 정하기 전에 또한 나를 믿으라."

우리는 우리가 예수 그리스도에 대해 조금만 알게 되어도 빛으로 가득 차게 되는 것을 안다. 하물며 천국과 지옥의 문제, 생명과 죽음의 문제에 대해 더욱 주님의 손에 맡기고 주님의 말씀을 확신하는 것이 낫지 않겠는가?

"곧 하나님은 빛이시라" 요일 1:5.

어느 날 모든 것이 그 빛 가운데서 밝히 드러날 것이다.

"나는 세상의 빛이니 나를 따르는 자는 어두움에 다니지 아니하고 생명의 빛을 얻으리라" 요 8:12.

예수 그리스도를 믿는 신자가 된다는 의미는 주께서 세상을 보시는 관점대로 세상을 보기 시작하는 것이다. 주님께서 가르치신 것을 비평하며 토론하는 것은 신자가 가져서는 안 될 자세이다. 바로 이런 자세들 때문에 기독교 신앙에 문제가 발생한다. 물론 신학은 토론되어야 한다. 그러나 주님을 믿는 믿음이 공격을 받아서는 안 된다. 우리는 예수 그리스도께 모든 것을 걸어야 한다. 우리 인생의 가장 위대한 지표는 "나는 예수 그리스도를 믿으며 따라서 모든 면에서 예수님의 의견을 듣고 주님의 입장을 구하는 것"이다.

위대한 삶의 장엄함

"진실로 진실로 너희에게 이르노니 믿는 자는 영생을 가졌나니"요 6:47.

우리는 종종 하나님께서 '영생'이라는 선물을 우리에게 주셨다고 듣는다. 예수 그리스도께서는 이에 대해 "내게 자신을 바치는 자는 영생을 가졌다"고 하셨다. 영생은 예수님의 특징을 나타내는 생명이다 17:3 ; 롬 6:23 ; 요일 5:11. 만일 우리가 자신을 예수님께 헌신하면 주께서는 "네게 있는 모든 것을 내게 맡기라. 내가 너를 보살피겠다. 아무것도 염려하지 말고 오직 나와의 관계만을 고려하여라", "아직 최상의 것은 오지 않았단다"라고 말씀하신다. 그날 우리는 우리가 믿는 그분께 모든 것이 순복하게 되는 것을 보게 될 것이다.

예수님을 믿는 믿음에서 어떻게 떨어져 나가게 되는지 주의하라. 어두움을 죄로 오해할 때, 감상에 젖거나 뜨거운 것에만 매달릴 때, 우리는 우리 안에서의 하나님의 역사를 막게 된다.

하나님의 역사는 당신이 하나님의 자녀가 될 수 있다고 믿게 되는 것이 아니라 하나님께서 보내신 이를 당신이 믿게 되는 것이다. 주변에서 발생하는 상황들이 우리에게 무슨 영향을 끼치는가? 우리 자신에 관한 염려는 전혀 중요한 것이 아니다. 중요한 것은 가장 근본적인 반석이다.

"또한 나를 믿으라" 요 14:1.

많은 사람들이 구원에 대해 상당히 많이 알고 있다. 그러나 예수님께서 말씀하신 것들이 옳다는 사실에 대해 완벽한 확신을 가지고 끝까지 집요하게 매달리는 사람들은 많지 않다.

"모든 것을 믿으며" 전 13:7.

인간의 삶에서 가장 중요한 예의는 상대를 믿는 것이다. 만일 우리가 예수 그리스도를 믿으면, 이는 예수 그리스도께서 우리와 맺은 관계를 우리도 다른 사람들과 맺게 되는 것을 의미한다. 우리는 사람의 조건과 상관없이 예수님께서 누구든지 구원하실 수 있다는 사실을 믿는다. 당신은 주께서 그렇게 하실 수 있다고 정말로 믿는가? 하지만 어떤 사람에 대해서는 주님마저 그를 구원하실 수 없다고 생각하며 회의적이고 냉소적으로 되지 않는가? 이러한 불신앙은 한 영혼이 바르게 되는 것을 막는 것이다.

우리가 사람을 만나다 보면 만나기에 부담 없는 사람들이 있다. 그들의 성품은 관용이 많으며 남의 약점을 찾아 비열하게 행동하지 않는다. 그렇기 때문에 반드시 그들이 선하다고 말할 수는 없지만 적어도 좋은 관계를 형성하는 데 문제가 없다. 영적인 세계에서도 마찬가지이다. 만일 사람들이 예수 그리스도를 믿는 사람들을 만나면 그들에게 뭐든지 말하고 싶어지는 그러한 사람이 되어야 한다.

우리가 스스로 점검해야 하는 것은 이것이다. 당신은 정말로 위대한 삶을 살고 있는가? 아니면 혹시 예수 그리스도를 어떤 형식에

> 위대한 삶이 충만해지기 위해서는
> 모든 것에 대해 주님을 믿어야 한다.

메인 답답한 분으로 만들어놓고 우물 안 개구리처럼 살고 있는 것은 아닌가? 예수 그리스도는 성육신하신 하나님이시다. 주님이 말씀하신다.

"네가 나를 믿는 것이 하나님의 일이니라."

위대한 삶이 충만해지기 위해서는 모든 것에 대해 주님을 믿어야 한다. 주님께서 주장하실 수 있도록 언제나 여유를 마련하라. 특히 해결할 수 없는 문제를 만날 때마다 어린아이의 심령을 가지고 그것을 주님께 가져가라. 내가 자신의 주인이 되어 나의 모든 문제를 스스로 풀기를 원할 때 주님께서는 이렇게 말씀하신다.

"나를 바라보고 구원을 얻으라."

당신의 삶과 이성을 예수 그리스도께 드리라. 주께서는 우리를 우물에서 끄집어내어 우리의 한계를 넘어서는 주님의 세계에 두기를 기뻐하신다. 이러한 사건은 논리적인 사건이 아니라 구속적인 사건이다. 우리 중 몇 명이나 예수 그리스도를 하나님의 아들로 보는가? 많은 사람들에게 예수님은 나사렛 목수일 뿐이다. 그러나 하나님께서 계시를 비추어주시면 우리는 갑자기 "나는 주님을 보았다!"라고 외치게 되는 것이다. 이는 바로 주께서 주님 안에 있는 본연의 생명을 우리에게 주신 것이다.

많은 그리스도인들은 자신 속에 있는 천하고 부끄러운 것들 때문에 낙심한다. 그러나 오히려 이러한 낙심으로 인해 기뻐하라. 그 이유는 예수님께서 말씀하신 "나를 떠나서는 너희가 아무것도 할 수 없음이라"고 하신 내용이 정확하게 맞다는 것이 확인되기 때문이다 요 15:5. 만일 우리가 우리의 모든 것을 주님께 건다면, 주님은 우리의 구세주와 구원자로서 우리의 필요를 채우시고 어느 곳에서든지 우리를 철저하게 보살피실 것이다. 우리가 마음껏 믿을 수 있는 하나님은 살아계신 전능하신 하나님이시다. 이 얼마나 위대한 사실인가! 한편, 믿을 만하지 못한 거짓 신을 믿는 자들마다 부정한 사람들이 될 것이다. 그러나 예수 그리스도 안에서 계시된 하나님은 우리의 모든 인생의 문제를 충분히 감당할 수 있는 장엄하고 위대하신, 살아계신 하나님이시다.

"내가 곧 길이요 진리요 생명이니" 요 14:6.

다같이 기쁨과 진실함으로 가득 찬 가운데 주께서 주의 자녀들에게 허락하신 위대한 인생을 힘차게 살아가자!

: 여덟 번째 장 :

그리스도인은 저항할 수 없는 제자훈련에 빠진다

집중은 산상수훈의 핵심이다.
'저항할 수 없는'이라는 뜻은 '다른 것에 마음을 빼앗길 수 없고
오직 하나에만 마음을 빼앗기는' 차원을 의미한다.

"깨어 믿음에 굳게 서서 남자답게 강건하라"고전 16:13.

주님의 '제자'라는 의미는 주님께 계속 집중하는 것을 말한다. 집중은 구별됨보다 훨씬 더 가치 있다. 그 이유는, 구별됨은 단지 종교적 감상으로 마칠 가능성이 크기 때문이다. 그러나 집중은 산상수훈의 핵심이다. 산상수훈을 통해 주님께서 말씀하시는 바는 "너와 나의 관계 외에 다른 것에 너무 신경 쓰지 않도록 주의하라"는 것이다.

이 장의 제목에서 '저항할 수 없는'이라는 뜻은 너무나 매력적이거나 전쟁처럼 어쩔 수 없는 그러한 상황이 아니라, '다른 것에 마음을 빼앗길 수 없고 오직 하나에만 마음을 빼앗기는' 차원을 의미한다.

분리 경계 훈련

비정상적인 분리가 있다. 분별이 없는 분리는 속기 쉽다. 성경은 "깨어 경계하라"는 말을 참으로 많이 하는데, 이 뜻은 주님의 뜻을 분별하기 위해 분리 경계를 하라는 의미이다.

> "너희는 이 세대를 본받지 말고 오직 마음을 새롭게 함으로 변화를 받아" 롬 12:1-2.

영적인 부담을 주는 잘못된 믿음의 가르침들과 여러 애착들이 우리 안에 계속 침투해 들어온다. 그때마다 매번 성령께서는 영적인 자원들을 사용하셔서 어떤 믿음의 내용들이 필요 없는 것들인지 분별할 수 있도록 도와주신다. 주님께서 우리에게 믿으라고 하는 내용은 현저할 정도로 적다. "하나님을 믿으니 또 나를 믿으라" 요 14:1는 말씀은 우리가 믿을 내용의 요약이다.

우리는 이 믿음을 잠식시키려는 모든 것으로부터 자신을 분리해야 한다. 안타깝게도 우리에게는 예수님께 사로잡히게 하는 대신에 예수 그리스도로부터 우리를 분리시키는 것들을 향한 지적인 호감과 애착이 있다. 따라서 경계하는 마음으로 영적 전투 준비 자세를 취하지 않으면 믿음을 잃게 된다.

"모든 무거운 것과 얽매이기 쉬운 죄를 벗어버리고"히 12:1.

이 죄는 우리 안에 내재하는 죄성을 언급하는 것이 아니라 이 시대의 죄악된 분위기를 의미한다. 문자적으로 '우리에게 가깝게 매달리는 죄' 또는 '많은 사람을 사로잡는 죄'라는 뜻인데, 우리를 영적으로 앞을 향해 달리지 못하게 하고 죄에 붙들리게 만드는 것들을 의미한다. 따라서 우리는 이러한 죄에 얽매이지 않도록 경계하는 자세로 달려야 한다. 특히 인내를 가지고 계속적으로 주님의 뜻에 따라 우리 자신을 재정비하며 온 마음을 다해 다른 모든 무거운 짐들을 내려놓아야 한다. 이러한 분별과 함께하는 분리가 아닐 경우 그러한 분리는 우리를 잘못된 길로 인도한다. 그러나 분별과 함께하는 분리는 우리로 하여금 매일 발생되는 사건들 속에서 하나님의 뜻을 분별할 수 있도록 한다. 이것이 우리를 주님의 은혜를 통해 '저항할 수 없는' 제자로 만드는 것이다.

> 분별과 함께하는 분리는 우리로 하여금 매일 발생되는
> 사건들 속에서 하나님의 뜻을 분별할 수 있도록 한다.
> 이것이 우리를 주님의 은혜를 통해
> '저항할 수 없는' 제자로 만드는 것이다.

주님께서는 제자들에게 "보라, 예루살렘으로 올라가자"고 말씀하셨다. 합법적인 많은 일들이 있더라도, 만일 그 일들이 '예루살렘'으로 올라가는 길을 돕는 일들이 아니라면 우리는 그것들을 하지 말아야 한다.

신중한 결단을 내리는 훈련

우리는 인격적인 결단에 대해 많이 듣는다. '저항할 수 없는' 제자는 신중한 결단을 내리는 것을 배워야 한다. 결단 중에는 철저한 고려 없이 조급한 가운데 내리게 되는 파괴적인 결단들이 있다. '믿음에 굳게 서서' 내리는 결단은 심사숙고한 결단이다. 이는 "그러므로 하나님의 전신갑주를 취하라 이는 악한 날에 너희가 능히 대적하고 모든 일을 행한 후에 서기 위함이라"의 내용과 연결된다엡 6:13. 굳게 서는 것보다 공격하는 것이 쉽지만, 바울은 깨어 굳게 서는 것이 믿음의 싸움이라고 말한다.

주님께서는 우리에게 얼마 되지 않는 몇 가지만 믿을 것을 요청하신다. 그 이유는 믿음의 속성이란 수학적으로 셀 수 있는 것이 아니라 시험을 통해 검증되어야 하는 것이기 때문이다. 우리의 믿음을 흔들기 위해 교활하게 역사하는 많은 것들이 있다. 어떤 유명한 설교자가 자신의 삶을 현실 속에서 점검해보니 자신이 설교한 내용의 반도 믿지 않고 살더라고 고백했다. 즉, 그는 매일의 삶의 상황 속에서 '믿음에 굳게 서는 것'이 얼마나 어려운지를 발견했던 것이다.

우리는 말씀을 가르치고 다른 사람에게 믿음을 격려하면서 우리 자신이 매우 강한 믿음의 소유자인 것처럼 보이게 할 수 있다. 그러나 현실적인 상황에서 그러한 믿음은 전혀 서지 못한다. 그래서 헐벗 스펜서가 말한 것처럼 "일주일에 6일 동안은 세상 사람처럼 생각하며 살고 오직 하루만 잠깐 주의 자녀처럼 산다"는 말이 맞게 된다. 결과적으로 우리는 삶의 현실에서는 그리스도인이 아니라 이방인처럼 결정한다. 따라서 저항할 수 없는 제자훈련은 경계 분리의 훈련을 해야 할 뿐 아니라 신중한 결정을 내리는 훈련을 포함한다. 곧 우리의 믿음을 굳게 지키는 차원에서 모든 면에서 신중한 결정을 내리는 것이다.

예수님께서는 제자들에게 성령께서 주의 말씀을 다 기억나게 하실 것이라고 하셨다. 우리가 주의 말씀을 들을 때 그 말씀은 우리의 무의식 속으로 깊게 들어간다. 그러다가 우리가 어떤 상황에 부딪히면 성령께서는 갑자기 그 말씀을 우리의 의식적인 생각으로 가져오신다. 이때 우리는 주님께 순종하든지 아니면 우리 생각과 상식을 따르든지의 결정을 내려야 한다. 당신은 믿음에 굳게 서겠는가? 아니면 신중함 없이 쉬운 길을 택하겠는가?

성령의 음성을 들으며 사는 삶은 주님의 말씀으로부터 어떤 원칙을 만들어 그 원칙대로 살려는 위험에 강펀치를 날린다. 그 이유는,

지적인 원칙을 만들어 사는 방법은 우리도 모르는 사이에 그 원칙에 충실하게 되면서 주님과의 인격적 관계를 끊을 수 있기 때문이다. 그러나 성령의 음성을 듣고 사는 삶은 언제나 주님과 인격적으로 일치된 확신 가운데 거하게 된다.

우리는 어떤 특별한 상황에서 어떻게 결정해야 할지 모를 때가 있다. 그때도 우리가 고민해야 할 것은 단 한 가지이다. 즉, 어떻게 하면 "믿음에 굳게 설 수 있는가" 하는 것이다. 그러면 우리는 그 특별한 상황을 하나님과 함께 지나가게 되면서 믿음이 무엇인지 깨닫게 된다. 믿음은 구속에 대한 믿음이며 내주하시는 성령에 대한 믿음이다. 또한 하나님은 사랑이심을 믿는 것이며, 만일 우리가 주님만을 확신하며 굳게 설 때 하나님께서 우리를 완벽하게 돌보심을 믿는 것이다. 작은 일들 속에서 믿음을 굳게 지키는 것이 큰일들 속에서 믿음을 굳게 지키는 것보다 훨씬 어렵다. 만일 우리가 주님을 믿는 믿음 가운데 굳게 서면 우리는 '저항할 수 없는' 제자들이 될 것이다.

> 작은 일들 속에서 믿음을 굳게 지키는 것이 큰일들 속에서 믿음을 굳게 지키는 것보다 훨씬 어렵다.
> 만일 우리가 주님을 믿는 믿음 가운데 굳게 서면 우리는 '저항할 수 없는' 제자들이 될 것이다.

"이런 사람은 세상이 감당치 못하느니라" 히 11:38.

충분한 성숙 가운데 포괄적인 결정을 내리는 훈련

어린아이들은 충동적이며 본능적이다. 자라나면서도 어렸을 때부터 있었던 충동적인 모습은 쉽게 사라지지 않는다. 어른이 되어서도 '어른스럽게' 행동하지 못하는 것이다. 만일 우리가 주님의 뜻과 사랑을 분별하는 습관을 계속 가져왔다면 어떤 결정을 내려야 하는 순간에 우리가 내리는 결정은 매우 성숙하고 포괄적인 결정이 될 것이다. 우리는 세상적 관점에서 자신의 유익을 구하는 결정을 내리거나 유용성에 따른 결정을 내리기보다 오직 주님의 관점에서 결정을 내리게 될 것이다.

고상한 성품이 지닌 가장 멋진 특징은 충동에 의해 행동하지 않고 성숙한 인내 속에서 행동하는 것이다. 결심을 하는 것은 누구에게나 쉽다. 아주 흥미로운 사실은 속이 좁고 고집이 센 사람일수록 포괄적으로 보지 못하고 매우 쉽게 결심을 한다는 점이다. 그는 결심을 하기 전에 여러 고려해야 할 것들을 보지 못한다. 그럼에도 황소 같은 고집을 가지고 결심한다. 완고함이라는 것은 바로 이런 것이다.

"나는 이 문제에 대해 더 이상 다른 분별력이 필요 없습니다. 나는 더 이상 깨닫고 싶지 않습니다."

이렇게 말하는 사람을 의지가 센 사람으로 오해하지 말라. 의지가 세다는 뜻은 그 사람의 전인격적인 행동으로, 개인적인 관점만 주장하는 고집과는 전혀 다른 차원의 것이다. 제자의 결단은 충분한 성숙 가운데 포괄적인 결정이어야 한다. 바울은 다음과 같은 결정을 내렸다.

"내가 너희 중에서 예수 그리스도와 그의 십자가에 못 박히신 것 외에는 아무것도 알지 아니하기로 작정하였음이라"고전 2:2.

현실 속에서 신뢰할 만한 사람이 되는 훈련

영적으로 잘 훈련된 성품을 가진 사람들은 언제나 의지할 만하다. 그들을 의지하면 그들이 강하기 때문에 우리도 강해진다. 그러나 훈련이 되지 않은 사람을 의지하게 될 때 둘 다 영적 나락으로 떨어져 타락하게 된다. 따라서 영적으로 훈련되지 않은 사람을 의지한다는 것은 언제나 위험 상태에 있는 것이다. 그 이유는 그들이 현실 속에서 무너질 때 우리도 함께 무너지기 때문이다. 그러므로 우리는 남들이 신뢰할 만한 사람이 되어야 한다. 이를 위해 우리는 영적으로 잘 훈련된 사람이 되어야 한다.
　우리는 어렸을 때 폭풍이나 천둥은 매우 강한 것이라고 느꼈다.

그러나 반석의 견디는 힘은 폭풍과 비교할 수 없을 만큼 강하다. 제자훈련도 마찬가지이다. 제자의 힘은 활동의 힘이 아니라 존재의 힘이다. 지나친 활동은 쉽게 피곤으로 병들거나 목적에서 이탈하게 한다. 신뢰할 만하다는 뜻은 신뢰할 만큼 훈련이 잘되어 있고 신뢰를 해도 조금도 흔들리지 않을 힘이 있다는 뜻이다. 이러한 무한한 '안정성'은 사람의 확신에서 오는 결과물이 아니라 성령의 역사의 결과물이다.

사도 바울은 고린도 교회의 성도들로부터 이러한 성품을 기대했다. 어떤 성품을 계속 연습하면 그 성품은 우리의 두 번째 속성이 된다. 그러면 위기 및 구체적인 삶 가운데서 하나님의 은혜뿐 아니라 연습을 통해 만들어진 두 번째 속성이 우리를 굳게 세우는 것을 발견할 수 있다. 한편 훈련을 거부한 부분은 삶의 위기가 올 때 하나님의 은혜도 나타나지 않으면서 우리는 그 자리에서 무너지게 된다. 그 이유는 현실적인 삶 속에서 그 부분을 훈련해오지 않았기 때문이다. 스스로 연습 및 훈련을 통해 우리의 속성을 만들어놓지 않으면 하나님께 도움을 청하여도 하나님께서 도우실 수 없다. 연습은 우리의 몫이지 하나님의 것이 아니다. 하나님께서는 성령을 우리 안에 넣어주시고 거듭나게 하셨다. 또한 하나님께서는 우리에게 얼마든지 신령한 자원들을 사용할 수 있도록 허락하셨다. 그러나 주님은 우리의 마음과 뜻을 강요하지 않으신다. 주님은 주께서 원하시는 길로 우리에게 억지로 걷게 하시거나 강제적으로 결단하게 하지 않으신다. 우리는 스스로 그것을 해야 한다. 바울의 고백을 들어보라.

"나의 나 된 것은 하나님의 은혜로 된 것이니 내게 주신 그의 은혜가 헛되지 아니하여 내가 모든 사도보다 더 많이 수고하였으나"고전 15:10.

: 아홉 번째 장 :

그리스도인은
언제나 지금, 하나님의 은혜를 길어낸다

어제 받은 은혜로 오늘을 살 수 없다.
오늘을 위해서는 오늘 은혜를 받아야 한다.
만일 우리가 자신의 재능과 장점을 신뢰하지 않는다면
우리는 언제든지 하나님의 은혜를 길어낼 수 있다.

"우리가 하나님과 함께 일하는 자로서 너희를 권하노니 하나님의 은혜를 헛되이 받지 말라 이르시되 내가 은혜 베풀 때에 너에게 듣고 구원의 날에 너를 도왔다 하셨으니 보라 지금은 은혜 받을 만한 때요 보라 지금은 구원의 날이로다 우리가 이 직분이 비방을 받지 않게 하려고 무엇에든지 아무에게도 거리끼지 않게 하고 오직 모든 일에 하나님의 일꾼으로 자천하여 많이 견디는 것과 환난과 궁핍과 고난과 매 맞음과 갇힘과 난동과 수고로움과 자지 못함과 먹지 못함 가운데서도 깨끗함과 지식과 오래 참음과 자비함과 성령의 감화와 거짓이 없는 사랑과 진리의 말씀과 하나님의 능력으로 의의 무기를 좌우에 가지고 영광과 욕됨으로 그러했으며 악한 이름과 아름다운 이름으로 그러했느니라 우리는 속이는 자 같으나 참되고 무명한 자 같으나 유명한 자요 죽은 자 같으나 보라

우리가 살아 있고 징계를 받는 자 같으나 죽임을 당하지 아니하고 근심하는 자 같으나 항상 기뻐하고 가난한 자 같으나 많은 사람을 부요하게 하고 아무것도 없는 자 같으나 모든 것을 가진 자로다"
고후 6:1-10.

어제 받은 은혜로 오늘을 살 수 없다. 오늘을 위해서는 오늘 은혜를 받아야 한다.

'하나님의 은혜'란 하나님의 선대하심이 흘러넘치는 것을 말한다. 만일 우리가 자신의 재능과 장점을 신뢰하지 않는다면 우리는 언제든지 하나님의 은혜를 길어낼 수 있다.

개인적인 시련 속에서 성도다움을 나타내는 조건

우리의 개인적인 삶은 우리 자신의 문제에 간섭하는 사람들에 의해 훈련된다. 그들은 우리에게 시련을 줄 의도가 없지만 그들의 간섭은 우리에게 시련이 된다. 바로 이 부분에서 인내의 시험이 오는 것이다.

당신은 그 시점에서 하나님의 은혜를 놓치는가? 당신은 "어떻게 이러한 순간이 하나님의 은혜가 될 수 있나요?"라고 질문할지도 모르겠다. 하나님의 은혜는 감정이 아니다. 하나님의 은혜는 언제 어디

서나 '지금' 얻을 수 있는 것이다. 우리가 처한 상황이 환난, 궁핍, 곤란 등 바울이 말한 것 중에 하나라도 우리는 이러한 상황 가운데서 나올 수 있기를 기도하기보다 그 상황에서 하나님의 은혜를 취할 수 있도록 기도해야 한다. 우리 중 많은 사람들이 기도를, 사역을 위한 준비로 삼고 있지만 성경에서는 그렇게 말한 적이 없다. 기독교는 시련의 상황 속에서 기도를 통해 하나님의 흘러넘치는 은혜를 길어오는 것이다.

공적인 환난 가운데 성도다움을 나타내는 조건

"매 맞음과 갇힘과 난동과 수고로움과 자지 못함과 먹지 못함 가운데서도"라는 구절은 바울의 영적인 일기 내용이다. 이 내용은 그리스도인들이 당하는 외부적인 역경들이지만 오히려 내부적으로는 성령의 은혜의 온상이기도 하다. 외적인 역경과 내적인 은혜, 이 둘은 언제나 함께 역사한다. 갇힘과 요란한 것과 수고로움은 외적인 고난들을 대표하다. 요란한 것이 어떤 상태인지를 알고 싶으면 부글부글하며 죽을 끓이는 솥을 생각하라. 이러한 상황에서 지금 하나님의 은혜를 길어내는 것이다.

"이 상황에서 빠져나가기를 기도하리라"고 말하지 말라. 오히려 그 상황에서 지금 은혜를 받을 수 있기를 기도하라. 이것이 그리스도인들이 이 땅에서 해야 할 가장 실질적인 일이다. 당신이 지금 당신에게 고통을 주는 환난을 통과하고 있다면, 그 환난을 제거해주실 것을 기도하기 전에 지금 하나님의 은혜를 그 환난 가운데서 길어내라. 기도를 한다는 것은 지금의 은혜를 길어내는 사역을 말한다.

순결한 절제함 가운데 성도다움을 나타내는 조건

"깨끗함과 지식과 오래 참음과 자비함과 성령의 감화와 거짓이 없는 사랑과"라는 구절은 절제하는 삶의 내면적 특징들을 나열하고 있다. 깨끗함, 지식, 오래 참음, 자비함, 성령의 감화, 거짓 없는 사랑 등은 지나친 감정적 충동과는 전혀 관계가 없는 것들이다. 충동적인 깨끗함, 충동적인 거짓 없는 사랑, 충동적인 오래 참음 등은 말이 되지 않는다. 그 이유는 감정의 충동은 유아들의 속성이기 때문이다.

> 당신이 지금 당신에게 고통을 주는 환난을 통과하고
> 있다면, 그 환난을 제거해주실 것을 기도하기 전에
> 지금 하나님의 은혜를 그 환난 가운데서 길어내라.
> 기도를 한다는 것은 지금의 은혜를 길어내는 사역을 말한다.

이 구절에서 깨끗함순결이란 시험을 해보았지만 아무 흠이 없다는 뜻이다. 사람들에게는 종교에 대해 무절제한 열심이 나타날 가능성이 언제든지 많다. 그러나 하나님의 은혜를 길어내는 법을 배우는 것만은 마지막 순간까지도 하지 않는다. 기도할 때마저 자신의 기억과 과거의 경험을 길어내면서 현재 소원들을 말할 뿐이다. 그러나 깨끗함과 지식과 오래 참음의 성품을 취하기 위해서는 하나님의 은혜를 길어내는 기술을 반드시 배워야 한다.

우리 중 몇 명이나 절제와 지식이 서로 관련되어야 한다는 사실을 알고 있을까? 사람들은 쉽고 빨리 지식을 얻기를 원한다. 그러나 지식을 추구할수록 내면은 더욱 무절제해진다. 이는 지식만으로는 사람의 마음과 삶을 전혀 변화시킬 수 없음을 보여주는 단면이다. 오직 성령 안에서 은혜를 길어내는 지식이야말로 우리를 더욱 절제하게 하며 주님의 성도답게 만든다. 최근에 성령의 열매의 마지막 특징인 '절제'와 소위 '기독교 사역'이라고 불리는 현대의 질병 사이에 부조화가 매우 크다. 모든 사람들의 피에 흐르고 있는 무절제한 열정은 무절제한 사역과 무절제한 행사의 병으로 번지고 있다.

'오래 참음'은 우리 안에 있는 모든 것이 다 빠져나가서 더 이상 건질 것이 없는 상태를 말한다. 하나님께서는 주의 성도들로 하여금 오래 참음의 상황으로 인도하신다. 이때 성도들은 절제를 잃으면 안 된다. 오히려 그 오래 참음의 상황에서 하나님의 은혜를 길어내야 한다. 그렇게 할 때 주께서는 당신을 당신 자신과 다른 사람들에게 경탄할 만한 존재가 되게 하신다.

'자비함'은 다른 사람을 대할 때 놀라울 정도로 친절한 것을 의미한다. 물론 하나님의 진리를 가르칠 때는 조금의 양보도 없이 완벽하며 철저해야 한다. 어떤 사람들은 그들 안에 성령이 계신 흔적마저 없을 정도로 거칠고 매정하며 차갑다. 하나님의 말씀은 "좌우에 날선 검보다 예리"해야 하지만 우리가 사람을 대할 때는 자비함친절함으로 대할 수 있어야 한다. 당신이 하나님의 은혜에 의해 어떻게 변화되었는지를 항상 기억하라. 하나님의 말씀과 당신의 행동이 일치되게 하라.

'성령의 감화'는 사람의 말재주나 열정적인 성격에서 나오는 것이 아니다. 신자를 통해 나타나는 성령의 간절함이 곧 성령의 감화이다. 이는 마치 하나님께서 친히 우리를 통해 사람들의 마음에 요청하시는 것과 같다. 성령의 감화는 갈보리에서 주님께서 보이셨던 마지막 탄원이 사역자 안에서 실제가 된 것이다.

'거짓 없는 사랑'은 속임 없는 사랑, 가릴 것 없는 사랑이다. 거짓된 사랑은 이렇게 말한다.

"나는 너를 너무 많이 사랑한다. 그러나…"

거짓 없는 사랑은 핑계하거나 감추는 것이 없다. 또한 죄에 대해 꾸짖을 것이 있을 때 상대의 비위를 맞추지 않고 엄하게 꾸짖는다. 우리를 움직이는 가장 위대한 사랑은 하나님의 사랑이다. 이 사랑이 우리 마음속에 부은 바 되었다. 이 사랑은 고린도전서 13장에 잘 묘사되어 있다.

증거를 선포하는 능력

'진리의 말씀'을 증거하기 위해 하나님의 은혜를 길어내라. "오 주님, 오늘 주를 증거하려고 하니 도와주세요"가 아니다. 당신이 증거하는 동안에 하나님의 은혜를 길어내는 것이다. 곧 하나님 존전에서 진리를 선포하는 것이다. 증거를 할 때 최우선의 동기는 상대를 위한 것이 아니라 자신을 위한 것이어야 한다. 즉, 우리 곁에 서신 분이 하나님 한 분밖에 없다는 사실을 깨달아야 하는 것이다.

언제나 하나님 존전에서 증거하라. 당신의 증거에 주님의 영광이 달려 있다는 사실을 항상 기억하라. '진리의 말씀' 안에서 증거하고, 우리 안에서 역사하시는 '하나님의 능력'으로 증거하며, 우리를 감싸고 있는 공적인 삶과 사적인 삶의 '의의 무기'로 증거하라. 만일 이 세 가지가 없다면 당신은 당신의 증거를 위해 하나님의 은혜를 길어낼 수 없다. 증거자로서 하나님의 말씀, 성령의 능력, 그리고 당신의

> '진리의 말씀' 안에서 증거하고, 우리 안에서 역사하시는
> '하나님의 능력'으로 증거하며, 우리를 감싸고 있는
> 공적인 삶과 사적인 삶의 '의의 무기'로 증거하라.

개인적인 삶과 공적인 삶에 신실한 증거가 있을 때 조금도 흔들림이 없는 확신 가운데 진리를 증거할 수 있게 된다.

당신의 현실적인 삶은 전반적으로 좌우에 '의의 무기'가 있는가? 종종 우리의 오른손과 왼손에 의의 무기가 없기 때문에 우리의 증거는 이내 희미해지게 된다. 계속 하나님의 은혜를 길어내라. 그러면 증거를 선포할 수 있는 능력이 생길 것이다.

개인적인 기질

"영광과 욕됨으로 그러했으며 악한 이름과 아름다운 이름으로 그러했느니라 우리는 속이는 자 같으나 참되고"에서 보듯이, 상반되는 특징들 때문에 우리의 자연적인 기질이 짓밟히고 있다. 어떠한 상황에서든지 계속 하나님의 은혜를 길어내라. 우리의 기질은 우리의 성향이 아니다. 기질이란 우리를 주관하는 성향으로부터 자연스럽게 나타나는 어떤 성격적인 색깔이다. 즉, 죄의 성향으로부터 우리의 악한 기질들이 나타나는 것이다. 그러나 하나님께서 성향을 바꾸시면 (물론 이 성향은 예수님께서 가지셨던 성향과 정확하게 같은 것이다), 그 새로운 성향으로부터 새로운 성격적인 기질이 만들어지기 시작한다.

완벽한 신뢰

"나는 비천에 처할 줄도 알고 풍부에 처할 줄도 알아 모든 일 곧 배부름과 배고픔과 풍부와 궁핍에도 처할 줄 아는 일체의 비결을 배웠노라" 빌 4:12.

어떠한 조건에서도 하나님의 은혜를 길어내라. 우리가 하나님의 은혜를 길어내고 있는 가장 위대한 표지는 아무리 모욕을 당해도 우리 마음 안에는 하나님의 은혜 외에는 아무런 상처가 남지 않는다는 점이다. '지금' 하나님의 은혜를 길어내라. 영적인 세계에서 가장 중요한 단어는 '지금'이다.

승리하는 궁핍

우리가 하나님의 은혜를 길어내면 주께서는 우리로 하여금 더 많은 은혜를 길어내게 하시려고 더 궁핍한 자리로 가게 하신다. 그러므로 당신이 가지고 있는 최선의 것들을 매번 나누기를 힘쓰라. 누구에게 그 최선의 것을 줄 것인지에 대해 절대로 생각하지 말라. 당신은 주기만 하라. 그것을 취할 것인지 말 것인지는 상대가 결정하게 하라. 당신이 가진 최선을 쏟아부으라. 그리고 언제나 가난한 자가 되

라. 아무것도 아까워하지 말라. 계산적으로 절대로 앞뒤를 재지 말라. 주님이 주신 보화를 귀하게 다루라. 언제나 '지금'을 사는 것이 그리스도인의 삶의 비결이다.

역자 후기

전인격적으로 그리스도인의 정체성을 가지라

세대가 부패할수록 참된 기독교가 사라진다. 절대 기준인 성경이 권위를 잃어가며 성경의 저자이신 성령의 조명 또한 사라져 간다. 사람들은 자기 소견에 옳은 대로 생각하고 행동한다. 특히 자신을 '그리스도인'이라고 말하지만 실은 그리스도인의 정체성이 희미한 사람들이 많이 나타나게 된다.

오스왈드 챔버스의 「그리스도인의 정체성」Facing Reality은 주 예수 그리스도를 사랑하는 그리스도인들에게 깊은 영적 분별력을 준다. 자신의 신앙 생활을 돌아볼 수 있도록 돕는 한편 시대의 영적 흐름에 대한 분별력을 갖게 해준다. 이 말은 그만큼 주님께 자신을 맡김으로 주님의 생각과 감정과 뜻을 배워 알게 된다는 뜻이다. 이는 오직 주 예수 그리스도를 인격적으로 만나게 하시는 성령의 충만과 직접적으로 연결된다.

우리들은 그리스도와의 인격적 관계, 즉 전인격적지.정.의, 또한 혼과 영과 몸으로 주님과 바른 관계를 맺고 있는지 않은지에 따라 진정한 그리스도인인지 아닌지가 결정나며, 또한 성령으로 거듭나 그리스도인이 된 후에는 얼마나 성경에 근거하여 성령의 인도함을 받는지의 여부에 따라 주 예수 그리스도 안에서의 자신의 정체성을 인식하고 분별하는 그리스도인이 되게 된다.

자신의 정체성을 아는 그리스도인들의 삶과 생각과 믿음은 지적인 활동이 아니라 전인격적인 활동이다. 그들은 인격적으로 그리스도와 연합하여 살기 때문에 자신에게 발생하는 모든 사건들을 그리스도의 눈을 통해서 본다. 이러한 과정 속에서 그들은 모든 사건과 상황을 통해 더욱 주님을 인격적으로 알아간다. 그것이 그들의 궁극적인 기쁨과 영광이며 만족이다. 또한 하나님께 모든 것을 맡김으로 순종할 때 하나님께서는 계속 성령을 부어

주신다. 성령의 영감은 하나님께서 그에게 의도하신 삶의 열매들로 나타나게 된다. 이때 그 열매는 언제나 주 예수 그리스도와 주의 나라와 직접 관련된 열매들이다. 이러한 열매가 없는 영감이나 체험은 죽은 것이든지 아니면 오히려 사탄의 것이다. 즉, 성령은 언제나 우리를 주 예수 그리스도께로 인도하셔서서 '그리스도인의 정체성'을 전인격적으로 갖게 하신다. 성령의 역사는 우리를 주 예수 그리스도의 사람으로, 주님의 십자가와 부활의 권능을 알게 한다.

역자는 이 책을 번역하면서 지금 이 시대의 한국 그리스도인들에게 정말 필요하고 귀한 글이라는 생각이 들었다. 그 이유는 한국에 복음이 들어온지 이제 겨우 120-130년 정도 되었음에도 불구하고 하나님께서는 놀라운 복음의 역사들을 일으키셨기 때문이다. 그러나 지금 한국 교회는 그리스도인으로서의 정체성을 잃고 하향길을 달리고 있다. 물론 양적 성장의 하향도 뚜렷하지만 그 보다 더 위험한 것은 교회가 무엇인지, 그리고 그리스도인이 된다는 것이 무엇을 의미하는지 그 기준을 잃어감으로 자신들의 정체성을 잃고 세상과의 구분이 사라지고 있다는 점이다. 이 점이 한국 교회의 가장 큰 위험이라 하겠다. 이와 함께 나타나는 현상은 영적 분별력을 소유한 그리스도인들이 점점 사라지는 것이다. 이러한 때에 오스왈드 챔버스의 「그리스도인의 정체성」은 우리 모두에게 그리스도인이 누구인지 그 원천적이고 근본적인 내용들을 다시 다루어 주면서 영적 통찰력과 분별력을 주고 있는 것이다.

　　오스왈드 챔버스의 이 글은 내게 히브리서 5장의 내용으로 다가왔다.

"때가 오래 되었으므로 너희가 마땅히 선생이 되었을 터인데 너희가 다시 하나님의 말씀의 초보에 대하여 누구에게서 가르침을 받아야 할 처지이니 단단한 음식은 못 먹고 젖이나 먹어야 할 자가 되었도다. 이는 젖을 먹는 자마다 어린 아이니 의의 말씀을 경험하지 못한 자요. 단단한 음식은 장성한 자의 것이니 그들은 지각을 사용함으로 연단을 받아 선악을 분별하는 자들이니라"히 5:12-14.

독자들이 이 글을 읽으면서 자신을 통찰할 수 있을 뿐만 아니라 인본주의 및 사탄의 궤계를 꿰뚫어 볼 수 있는 영적 진리와 능력을 갖추게 되기를 간절히 기도한다.

스데반 황

오스왈드 챔버스 시리즈 07
오스왈드 챔버스 그리스도인의 정체성

1판 1쇄	2009년 10월 10일
1판 5쇄	2015년 9월 15일
2판 3쇄	2023년 8월 25일

지은이	오스왈드 챔버스
옮긴이	스데반 황
발행인	조애신
편집	이소연
디자인	임은미
마케팅	전필영, 권희정
경영지원	전두표

발행처	도서출판 토기장이
주소	서울시 마포구 동교로 71-1 신광빌딩 2F
출판등록	1998년 5월 29일 제1998-000070호
전화	02-3143-0400
팩스	0505-300-0646
이메일	tletter77@naver.com
인스타그램	togijangi_books_

ISBN   978-89-7782-387-7

- 이 책은 저작권 법에 따라 보호를 받는 저작물이므로 무단 전재와 무단 복제를 금합니다.
- 이 책의 전부 또는 일부를 이용하려면 반드시 저자와 도서출판 토기장이의 동의를 받아야 합니다.

도서출판 토기장이는 생명 있는 책만 만듭니다.
"우리는 진흙이요 주는 토기장이시니 우리는 다 주의 손으로 지으신 것이니이다" (이사야 64:8)